美国领导人讲话技巧

[美] 哈特 [美] 奇尔德斯 [美] 林德思
著

袁明 刘应诚 译

人民日报出版社

图书在版编目（CIP）数据

美国领导人讲话技巧 /（美）哈特（Hart, R.P.），（美）奇尔德斯（Childers, J.P.），（美）林德思（Lind, C.J.）著；袁明，刘应诚译. —北京：人民日报出版社，2014.6

ISBN 978-7-5115-2651-9

Ⅰ. ①美… Ⅱ. ①哈… ②奇… ③林… ④袁… ⑤刘… Ⅲ. ①领导人员—语言艺术—美国 Ⅳ. C933.2

中国版本图书馆CIP数据核字（2014）第111422号

Copyright Political Tone
著作权合同登记号 图字：01-2014-5178 号
Copyright 2013 by The University of Chicago
All rights reserved. Published 2013.
Printed in the United States of America

书　　名：	美国领导人讲话技巧
作　　者：	（美）哈特（Hart, R.P.），（美）奇尔德斯（Childers, J.P.），（美）林德思（Lind, C.J.）
出版人：	董　伟
责任编辑：	刘晴晴
封面设计：	观止堂-李　滨

出版发行：人民日报出版社

社　　址：	北京金台西路2号
邮政编码：	100733
发行热线：	（010）65369527　65369846　65369509　65369510
邮购热线：	（010）65369530　65363527
编辑热线：	（010）65363105
网　　址：	www.peopledailypress.com
经　　销：	新华书店
印　　刷：	北京中科印刷有限公司
开　　本：	710mm×1000mm　　1/16
字　　数：	163千字
印　　张：	13.25
版　　次：	2018年10月第1版　2018年10月第1次印刷
书　　号：	ISBN 978-7-5115-2651-9
定　　价：	39.80元

目 录

第一部分　对语言的理解
第一章　政治语气的奥秘・003

第二部分　社会力量
第二章　多样性与容纳的语气・027
第三章　党派之争与平衡的语气・053
第四章　现代性与紧迫的语气・081
第五章　机构与自信的语气・097

第三部分　个人的力量
第六章　丑闻与弹性的语气・115
第七章　复杂性与谨慎的语气・133
第八章　缺乏经验与睦邻的语气・153
第九章　野心与离题的语气・171

第四部分　语言之外
第十章　政治语气的可能性・191

第一部分
对语言的理解

第一章
政治语气的奥秘

人们说话时给别人留下印象，亘古如斯。在生命开始的头两年，我们学会怎样说话讨人喜欢和使人不悦，即使就会说那么寥寥几句。光阴荏苒，人际关系有了发展，词汇得到丰富。到了成年，我们已经成为修辞的艺术家。那时，我们掌握了语言的引导潜力，可以用较少的话做更多的事。同样，他人的话语也影响着我们。他们的话可以治愈我们灵魂，也可以摧毁我们灵魂，亘古如斯。

这些原则也适用于政治：一个施展丰富语言的竞技场。野蛮的话，消极的话，安慰的话，鼓舞人心的话；大众的话，新杜撰的话；法律用语，金融术语，模棱两可的话，暗示语等。这也使我们学会对词语仔细地鉴别："尖刻"这个词属于茶党，巴拉克·奥巴马适于"保守"一词；而格伦·贝克的明显标志就是前瘾君子：自我菲薄为之长项；基斯·欧伯曼令人讨厌的是他擅长的花言巧语，而不是他从前当体育播音员时的妙语连珠；纽特·金里奇遇事"武断"，莎拉·佩林则"浮躁轻狂"；乔·拜登说话冗赘啰唆，导致一些人对他失去了信任；南希·佩洛西"冷淡"，哈里·里德"慈祥"；麦克·哈克比"和气亲民"，米特·罗姆尼"繁缛官僚。"对言词敏感的美国人——绝大多数——每天都在这样的观察，但却无动于衷。

本书，我们对上述现象不再置若罔闻。我们搜集了大量美国人的话语样本以确定语言如何对他人的感知产生影响。我们的关注点主要在国家政治上，这不仅是因为这样可以展示出一幅令人颇感兴趣的画面。我们给出一些机构对比尔·克林顿、乔治·W·布什、巴拉克·奥巴马和莎拉·佩林的分析和案例，因为这4个人特别擅长影响人们的价值观和态度。但是，他们怎么做到的呢？为什么我们一边斥责他们一边又感到他们不可抗拒呢？为什么我们在如此冷漠的人身上浪费宝贵的时间呢？为什么政治家一敲门，我们就去开呢？

在他们的利己主义更加春风得意之时，作者把本书视为一位美国政治学家有史以来写得最好的其中一本书的续篇，这本书名为《政治意识形态：为什么美国普通人都相信他的所作所为》，作者罗伯特·莱恩。在书中，莱恩对居住在"伊斯特波特"城镇的15名普通市民进行了一系列详尽的采访，设法套出平时美国人的政治精神，他发现，很大程度上，他们忠于这个国家，宽容自己的同胞。他们相信机会平等而不是集体主义，他们相信公正而不是控制。莱恩说，这些信念在城镇、乡村、教堂、工会以及家庭中的人员关系网里得到巩固。莱恩认为这样的信仰不是凭空而就而是一天天逻辑论证的结果。

莱恩对美国人的政治思想感兴趣，而我们想要了解他们对社会的印象。要做到这一点，我们本可以问及人们对某个政治领袖的看法，并使用各种调查工具记录他们的反应。但是我们选择了另一种方式，原因如下：（1）问卷调查经常让受访者回答他们很少思考的问题，从而倒把他们希望了解的人给"污染"了（2）问卷调查，即使是最好的，也会把诸如医疗保健、人权、税收政策等复杂问题弱化为很小的问答题，丧失了广度和深度（或许在汇总调查时例外）（3）调查人员限定受访人对提出的问题的回答方式（"同意""强烈同意"），因此，迫使受访者进入回答的模式，而不是自己的选择。尽管有这些限制，调研还是已经让我们领会关于政治生活的大量事情。

这里，我们追溯政治对词语世界的认知。我们这样做时，尽量不做过度地限定，因为词语在生命过程中只起到部分作用。人们还受成长的环境、选择的生活方式、自己的朋友和同事的影响。他们对社会的认识还源于记忆和期望、源于生活的突变、源于各方面的压力以及媒体的宣传。

由于这些影响力的存在，人们很容易忽略词语的作用。如果评论家肯尼斯·伯克是对的，这样做将是愚蠢的，因为词语恰在我们使用它们时利用我们。所以我们要认真对待词语，这里我们将查看一个大数据集（约3万个文本）并追溯政客、媒体和普通市民是如何表达自己想法的。我们试图通过寻找其语言行为根源的方式查明一个特别微妙的东西——政治语气。这样做，我们会想起早已忘却的件件生活小事：一位母亲的说话声是怎样表达她心情不好；为什么一位高中老师在课堂上能让我们开怀大笑，而另一位却让我们坐得笔直；一位面试官所选择的古怪词语是怎样表明我们在面试结束以前就已经失去那个职位。人到了成熟时，已经成为使用语气的专家。不过专家们又是怎样的呢？

语气这个词无处不在

在英语词汇中没有几个单词比语气这个词更神秘。就连解词巨著《牛津英语词典》似乎也被这个概念弄得名声扫地，该词典给这个词11个定义，分3大类，由此衍生出21种不同的理解。非专业的词典编纂者就更说不清楚了。商业领袖谈到为其机构设定合适的基调，孩子们被告诫用错了语调。20世纪50年代中，驾驶一辆两种颜色的轿车被认为是一种时尚；数年以后，他们的成年孩子寻求一种健壮的体格。在其他方面，一位评论者写道，电影的"格调最好的是温和，最差的是自鸣得意"而《美国偶像》真人秀的尖刻批评家西蒙·考威尔喜欢告诉选手："他们是乐盲。"

语气无所不在，尽管没有明确的概念，但这并不阻止人们使用它。警句家梅森·库利断言，"道德语气越高，演讲者就越值得怀疑，"而杜鲁门·卡波特发出嘘声，"他那平静的语气强调的是对他回复的怨恨。"前纽约市市长埃德·科赫只是告诉我们"语气和文本一样重要",但没说这是什么意思,而最高法院法官路易斯·布兰代斯推测,"我们不是被可以分析的论点说服的,而是被语气和脾气说服的。"百老汇喉音明星哈维·菲尔斯坦开玩笑说,"平均来看,声音70%像语气,30%像噪音(而我的声音)95%是噪音",但妇女参政权论者伊丽莎白·卡迪·斯坦顿非常严肃地宣称"教会关于女性教义的全部语气极为轻蔑和低下。"

历史上,首次提及语气这个词是与声音有关。已知最早把这个单词用于英语的事例之一是14世纪的神秘主义者,英国汉波尔市的宗教作家理查德·罗尔,他安慰正直的人们,说他们会在天堂里听到"甜美音调的音乐"。如今,音乐家还在谈论音调和无音调、诗朗诵和十二个音调,似乎在说明什么。《哈佛大学音乐词典》给语气的定义是"一种有明确音高的声音,"这个定义似乎足够清楚,直到人们听见语言学家也使用了这个词。他们宣布,"如果单词的音高可以改变其含义",那么,文字就已经被涵盖在声调语言之中了。语言学家谈到语调——用音高表示意义的区别,还谈到单词如何重读并由此创建全新的含义。

尽管这种说法模棱两可,但有一件事情始终如一:语气这个单词影响人们对他人的认知。对这种关联的早期讨论可以追溯到两位欧洲思想家——让·雅克·卢梭和托马斯·谢里登。卢梭,在他1781年写的《论语言的起源》一书中,体现了明确的思维跳跃,从音乐到语言,又到劝导,他注意到"语言没有发音和声响,所以它的丰富内涵减少了一半;它能转达想法,这是真的,但是为了表达感情、影像,它仍然需要一个节奏和音响,即旋律"。进一步而论,英国作家谢里丹在他1762年的《雄辩术讲座》中辩称语气就是人们如何互相分享"真正体现的感情"。

所以语气既是说的也是听的,是口语也是书面语,是语言也是非语言。它还表达视觉。艺术家使用这个词来解释颜色的细微区别,色调"就是通过将具有浅色和深色的颜色进行各种变化而形成的。"反过来,视觉色调又被称为有价值,"我们区分浅色和深色就是依据这个特征,如浅蓝色和深蓝色"。在艺术界,色调与人的感性经验相关:"任何图片必备的浅色和深色区域——广泛的色调模式——所构成的画面通常最先吸引观众的注意力并直接说明图片的基调和内容"。语气存在于艺术。语气存在于音乐。语气存在于语言学。语气也存在于社会学吗?当深度讨论美国肤色偏见问题时,玛格丽特·亨特指出,"歧视制度至少在种族和肤色这两方面上实行了。第一个歧视制度是指种族类别(即黑色、亚洲、印度等人种)。第二个歧视系统是指肤色——更深色的皮肤或更浅色的皮肤。"

语气也有心理属性。布诺维和斯塔基·弗兰奇说,它帮助创建一个故事的基础,推动叙事的声音。他们指出,"一种邪恶的气氛在一定程度上通过句法、节奏和选词就可能营造出来",尽管这些作者未能解释这种转换是怎么实现的。这就是语气的作用,一个很快要探讨但又难以解释的事物。尽管如此,语气依然存在。例如迪伦·托马斯为他即将谢世的父亲而写的著名诗歌的第一句,"不要轻柔地走进那个良宵。"我们一下子警觉起来,然后语气深沉下来:"晚年,在生命陨灭之时,应该燃烧,咆哮。"到了诗的第三行,我们才意识到诗人的痛苦、迫切和沮丧,是的,还有愤怒:"宣战,向死亡之光宣战。"语气表明了这位诗人对待事物的态度。诗,如果是美妙的,就会吸引我们进入这种态度。

迪伦·托马斯的诗是一个事例——一个辉煌的事例——但我们所关心的是更平凡的事情。我们的重点是政治,其语气通常是平民化的。例如,专栏作家乔克莱恩在2007年末为《时代》杂志撰稿时称,民主党候选人在国家安全问题上是"音盲"。这并不是说民主党人完全无能,从那时起,仅仅几个月后,《纽约时报》就报道希拉里·克林顿和巴拉克·奥巴马与他们的竞选而产生了共鸣:"在一个以其凶猛的职业拳击手而闻名的城市里,在拉斯维加斯市中心的卡什曼中心的竞选舞台上,故意拿出了温柔的政治性语气。

这样的评论是什么意思呢?他们看到了什么?又觉察出了什么呢?《华盛顿邮报》的记者迈克·艾伦在2002年秋指出乔治·W·布什的"政

府活动带有一种政治语气"这是什么意思呢？政府怎能是政治性的呢？2004年竞选季节期间在新英格兰州黑人教会领袖中或4年后在爱荷华州共和党竞选者中，记者们都在识别"政治语气的变化"这是什么意思呢？《今日美国》宣称巴拉克·奥巴马在他就任总统一职的头10天中就已经采取"步骤强烈打压在华盛顿里常常出现的难听的政治性语气"这是什么意思呢？语气只是政治的附属物或者就是政治的本质吗？

语气与风格

我们把语气看作是风格更大概念的子集，用传统的话说，指的是一整套语言手法——句法、意象、语域、声音、预测、词汇——用来表达想法。修辞学者从各种角度研究风格。例如，埃德温·布莱克确定他所说的"情感风格"流行于19世纪，是一种使其观点达到高雅绚丽的超级方式。布莱克说，情感风格用于"庄严的运动，大量形容词的使用，欲将激情打碎等情形中，就不那么奏效"，相反用这种方式把这些元素集于公共演讲之中，情况就大不相同了。在很多方面，布莱克说，这种华丽风格使现实模糊，即使是在揭示现实的同时，迫使观众向更高、更远的方向迈进实现心中的那些想法。因此，像弗雷德里克·道格拉斯和丹尼尔·韦伯斯特那样的演说家以规范的方式谈话。这种方式领着耐心的一类人（和受过教育的一类人）循着其曲折蜿蜒的路径前行。这种风格尊敬的是语言本身，与21世纪超高效率的政治演说相距甚远。

卡琳·科洛斯·坎贝尔已经追溯到早期女权主义的风格，一种将"家务艺术"和母性关爱的寓意相结合的方法。坎贝尔说，结果是一个令人赞许的个人风格，与当时常见的正式的男性方法截然不同。女性风格主要依赖"报道的凡人常事、个人轶事和朴素的例子。"在叙述早期活动家安吉丽娜·格里姆凯的这种方法时，坎贝尔指出，她把反身折射与直率结合起来——"你们出去想看什么？被风吹动的芦苇吗？"——一种既把听众当成朋友又向他们挑战的风格。坎贝尔是这样说的，格里姆凯让人知道她是坚强的而不是厚颜无耻的，她是私密的而不是厌烦的。在那一时刻，一种新的政治敏锐性诞生了，一场新的社会运动也开始了。

沃克·吉布森对20世纪中期的美国所做的分析也颇具特征。他描述当时有3股势力在强势运行——源于第二次世界大战的狂妄叫嚣，源于日益官僚化体制的繁文缛节，源于城市"忙碌"经商赚钱的热切期盼。吉布森说，这导致了3种修辞风格——不屈不挠、古板乏味、芳香甜美——每一种修辞风格产生不同的修辞"个性"，以不同的方式外延。不屈不挠的风格要求服从；古板乏味的风格要求尊重；芳香甜蜜的风格要求和蔼。每种风格提出了一个不同的社会品质进行对照检查，每种风格发送一个关于谁可以相信，什么是重要的元信息。吉布森主要是用自己敏锐的洞察力，而不是任何科学仪器去探讨问题，他创建一种"风格机器"来衡量散文段落。他的早期作品还在激发任何带有口语语气的认真学生。

罗伯特·哈里曼最近的一项研究认为，我们的政治经历都充满了"控制的关系"，这些关系"通过把演讲、手势、服饰、装饰以及其他任何调节感知和形成反应的手段"巧妙地组合，才能最终得以解决。哈里曼说，"当我们寻求权力时，不可避免地留下独特的追求标记，这些标记通常就是本质上的修辞。哈里曼说，现实主义的风格认为，科学的测量会引领我们获得真理，而宫廷风格尊重的只是传统权威。共和党的风格还有所不同，试图向观众介绍某种交易空间，在那里可以公平交易。上述每种风格，哈里曼说，都为有效参与一个特定的政治场合提供"秘诀知识"。

一般来说，语言的修辞研究已经选择了3个方向中的一个。对概念风格的研究已经检验过思维模式与历史趋势是怎样互相影响以改变散漫的语言结构。例如波斯特莱尔追溯了审美观念对现代社会趋势的影响，同时拉纳姆寻找了新经济设想的根源，克拉克寻找了人们改变与自然环境关系的根源。那些研究过政治风格的人观察政权的控制是怎样被强烈地写进文本里，在一个特定的政体中实施着。康诺利研究了宗教右翼的"惩罚性取向"，而普福审视了"阴谋的心态"，斯蒂芬·哈特审视了"改革论者的身份"以解释社会激进主义的模式。最后，具有文化风格的学生在很大程度扩大了分析对象，审视了娱乐方式，流行时尚，表演惯例，甚至头发和衣服是怎样显示一个特定的社会。上述研究极其挑衅性，而我们这里追求的是更谦卑的东西。我们专注于语气，一个人们用来通过选词而形成独特社会印象的工具。我们做这样的假设，某些词，常常被足够的使用，使人们感到他人与己有共同之处，但经常是难以捉摸的。有时甚至仅仅是虚词可以告诉我们很多关于我们人类同胞的事情。珍妮·法内斯托克描述了这样的过程如何展开：

像宇宙地图中的星系，英语词汇意义上的单词是以意群或词汇域组合的。这个简单的事实决定了修辞学者选词的可预测性，划定了一个论点的主题和用来达到效果的任何辅助字段。可预见单词的外观甚至可以使观众接受一种情况。

那些研究语气的人通常使用一些关键的工具，我们也要使用它们。但是我们还要做其他事情。我们将使用内容分析的方法来识别特定的词汇域并评估其相对的使用情况。从操作上讲，内容分析包括（1）制定明确的概念或语言类别（2）确定那些类别的可靠定义（3）培训编码员以识别这些类别在大量的文本中出现的情况（4）比较它们的用法。

社会科学家以前在研究政治语气时曾使用过这些技术。凯德监视过美国负面政治宣传广告的发展，安索拉贝希尔和艾格杨同样这样做了并总结称，相当倒霉，"攻击性的广告宣传实际上抑制了选民投票率。"后来的研究一直不太确信那个结论，尽管学者们一致认为竞选活动通常是走向负面直到选举季结束。其他学者已经发现候选人运用网络和使用传统媒体一样很可能走向负面。这种研究虽然有用，但是往往把语气分成了两类——要么积极要么消极——这样一来，就失去了研究中的文本具有的复杂性。

对审查新闻偏见的那些研究报告同样可以予以指责，其中一份研究报告总结道，"网络对现任总统的新闻报道很明显是否定的，政治新闻如同竞选广告具有强有力的效果。太多的负面消息可以产生"议程设置效果"（通过强调选民本来不可能想到的其他方面的想法）以及"启动效应"（通过培训选民寻找对执政党有益或无益的想法）。正如塔米尔·谢弗解释的那样，新闻媒体给所报道的对象或问题"附加一个可估价的语气（即积极的、消极的、或中性的）"，使选举人的情绪受到间接的影响。虽然很多人认为选举人能够不受新闻左右并客观地看待事物，但是，所有的语气都有其影响力——有的明显，有的微妙，有的还待确定。

对语气的研究通常以词汇分层为基础，采用4个主要的假设：（1）家族词各自有其独特的含义，但组合起来就有了相互连带的关系（2）当家族词混合在一起时，语气变得更可识别（3）当这些家族词反复混合在一起时，语气变得更有说服力（4）词汇分层解释修辞种类间的差异——如一首诗怎么才能与电影脚本区别开。由于词汇分层，我们大多数人成为天生带有语气的学生；我们每天都依靠这些本能。

评估语气

如果上面的论述已经确立了一件事，那就是：语气是抑制不住的，但往往是神秘的。人们自然地感觉到它的存在，但难以解释它。的确如此，例如最近一则波士顿的大标题上面写着"南波士顿的一种新的政治语气"并做了如下描述：

把它看作南波士顿版本的一个罕见的月食，30年间只会发生一两次的现象。一个州代表席位意外地出现空缺，5个年轻热切的新人（4位民主党人，1位共和党人）争相填补这个空缺并抓住机会。在这里，竞选活动往往是一项整个身体接触的体育项目，对第4萨福克区席位的那种热求就当地礼仪而言一直很少见。竞选的痕迹依然可见。辩论一直是庄重地亲切交流，似乎只是在提醒大家这批候选人——是用校车送到医院出生的，是在互联网时代里养大的，受过大学教育，敏锐地意识到了席卷这个街区的变化——正在以新的方式追求古老的传统。

这里描述的是哪种语气呢？列出来很长：认真、企业家精神、新奇、认知、尊重、亲切、礼貌。新闻报道还描述了新一批政客渴望为人民服务，候选人拒绝他们祖先采用的拳击方式。读者感觉到，记者发现了一些重要事情，即使这位新闻记者既没有给他的措辞下定义也没有指定所说的"新"语气偏离的规范。相反，他提供了事例——一位候选人声称致力于"让南波士顿的家庭友好和睦"，而另一位候选人告诉年轻人，"如果你愿意去试，一切皆有可能。"这些例子实在是含糊不清，不过这则报道有意义，是"语气"经常使每日新闻消费者体会到的那种神秘感觉。

在这本书中，我们通过分析政治制度如何影响特定说话人的语气以及他或她的个人情况如何改变它的方式，试图揭开它的神秘面纱。这样做时，我们要做这样的基本假设：（1）口吻是个体词选择的结果（2）是累计起来的（3）目的是产生模式化的预期（4）告诉观众（5）有关作者对事物展望的重要的事情。

我们使用计算机辅助文本分析（CATA）的方法实施这个假设，这种方法目前用来进行社会网络分析、关系和集群建模和定性数据挖掘。这些技术还有实际的用途：过滤垃圾邮件、管理医疗记录、分析消费者情绪、监控社会冲突、甚至发现初期的恐怖主义。其他学者已经使用这些方法来发现应急政策的变化，按主题分类国会的演讲，并检验新的政治意识形态。博客圈也非常熟悉这种技术。例如一位作者追踪"入网"和"出网"的链接，看看保守派博客是否变得更加突出，而豪尔吉陶伊、盖洛、凯恩反其道而行之，看看万维网是否增加了跨意识形态的讨论。使用自动化的内容分析法的一个更有趣的事例是马修·辛德曼的《数字民主的神话》一书，该书确定了"谷歌统治"的存在，这种统治使一组少而强的精英主导政治讨论。

其中许多方法，虽然有用，但是远不是用在文本本身，重点是在谁对谁说了什么，而不是如何说的。相反，我们是在检验政治话语的词汇构建块。我们假设当说话者选择一个词而不是另一个词（有意或无意地）时，认知和情感资源都被利用。而且，我们进一步假设，当选用成组的词语时，更复杂的事情开始起作用。

其他人不这么认为。一些计算语言学家把词的选择看作编码过程中最不重要的决定，相反，强调一段文章的形态、语法、韵律和心理语言学属性。

不过理解下列问题所打开的世界，对于现在的作者来说足够了：为什么选择一些词而不选另一些词（如"经济"而不是"便宜"），为什么永远都不使用某些词（如"延误者"），为什么另一些词被看作是无与伦比的（如"无与伦比的"），为什么有些词出现（如"性短信"），为什么有些词离去（如"广场"）。事实上，这是因为低估单词的选择太习以为常以致我们感到这点特别有趣。

增加他们对你和你活动能力的管辖权

在这方面，我们做几种假设：（1）说话者很少注视个体词汇的选用。（2）他们根本没有能力注视词汇模式。（3）说话者认为他们对这类情况有相当大的控制力。（4）他们邀请有事业心的研究者来研究他们所认为不值得的东西。这些命题适用于政界的特殊影响力，在那里，撰稿人、广告主管、竞选顾问以及政客们认为自己是语言专家。他们仔细阅读有关敏感话题的新闻稿细节，严重依赖非专业的语言理论（"英语'诉讼'litigate的发音比'诉讼'sue的发音好听"），即使让他们为自己的假设辩护，他们也做不到。政治是一个词语世界，同时也是一个充满理解不透、记忆不牢和阐释不清的模糊世界。

这是电脑施展的平台。从表面看，电脑有永久的记忆。电脑可以检测连续性和不连续性。如果使用正确，电脑可以跟踪整个语义空间的关联，记下情境变化（和那些变化中的变化），区分一个人和另一个人的选词特征。电脑还可以检测语言行为的稳定性，那些永远不会改变的东西。

本研究使用的程序为第一作者和克雷格·C.卡罗尔共同创建的"用语6.0"。这是用Java程序编写的一个多平台的程序，在33张单词列表或字典中收入了1万个搜索词，还包括一些计算的变量。这些列表中没有一个搜索词是重复的，使用者可以对文本进行极其丰富的解释。这个程序将次要的变量（标准化以后）组合到了一起，形成5个主要变量。主变量选择是有意选择的，假定是：如果问一个特定的段落仅5个问题，那么这5个问题会给出最有利的解释。基于对大约3万个口头文本的分析，在这些主变量之间不存在统计意义上的重要关系，这意味着每个变量使人对检查的段落有独特的了解。

"用语6.0"程序的完整变量结构。虽然这些特定的例示是作者一个人的，但是每个主变量是他人的工作的结果，每个变量特别适合对美国政治的研究，如同大量调查的显示。例如，确定性是通用语义学家的工作的成果，特别是温德尔·约翰逊，他研究语言如何变得古板和结果会怎样。无论如何，确定性表明的是坚定性、不变性、完整性以及说话权威性的趋势。乐观性，作为赞成某个人、某个团体、某个概念和某个事件的语言或作为强调这些人或事积极内涵的语言，源于詹姆斯·大卫·巴伯《总统角色》一书的灵感。乐观性，对于巴伯来说是了解政治名人一个重要的方面，尽管巴伯自己使用的这个构想与其说出于经验倒不如说是喜好趣闻轶事。巴伯也与活动性程序有关，尽管"用语"程序在这方面的开发更要感谢奥斯古德、苏吉和坦南鲍姆的劳作。活动性程序语言的特征是运动、变化、实施想法、避免惰性以及帮助区分反射和非反身文本。

第4方面是现实性，即描述有形的、直接的、可认识的事情的语言，影响人们的日常生活。这方面开发的是实用主义，约翰·杜威认为，西方特有的经验。最后是共性，强调一致的一些价值观和拒绝古怪接触方式的语言，利用的是阿米塔伊·埃齐奥尼和罗伯特·贝拉的社会理论，尽管2位学者都与言语行为本身无关。

其他自动化内容分析系统也存在，但"用语"至少在两个方面是独一无二的：（1）字典非常详尽（2）为处理的所有数据提供规范，由此使用者可以将一个特定的段落与大约40个种类进行比对（如讲话、新闻报道、广告、百姓评论、宗教布道、公司报告、戏剧脚本、电视剧等）。或许，正是因为这两点，"用语"已被用于各种学科，包括新闻学、管理学、教育学、社会学、心理学、儿童开发、写作学、会计学、外交学、领导学、读者研究、宗教学、法律学、政治科学。

"用语"还可以使学者编写自己特殊用途的字典。用户可以编制多达

10部这样的字典（长度达200字），然后"用语"将这些词典用在其搜索惯例中。我们已经将这种能力贯穿于本书，尤其利用了5部自定义字典：（1）爱国术语（国土、正义、自由、朝圣者等）（2）政党查询（民主党人，共和党人等）（3）选民查询（成分、选民、公民等）（4）领袖查询（亚当斯、林肯、罗斯福、佩罗等）（5）宗教术语（教义、精神、神圣的、安息日等）。

"用语"最终也没有超过其基本的假定，其中一个是换位假定——量化定性现象能有意义。起初，这听起来是异端邪说，后来，有人想了起来人们经常运用数学对别人做出判断。例如一个"滔滔不绝"的人，就是一个其不必要的详述被认为令人不悦的人。同样，当我们判断一个人健谈另一个寡言时，就是在做算术的判断。专业的词语大师也依靠数学的直觉："神秘的表情"是一个有太多类型的标记；"平易近人"源于处在正常分布中心位置的那些词；"修辞范围"是那些成功地适应社会情况的人所表达的。简言之，像"用语"这样的程序取决于人类特有的对比例的理解力。

一个相关的假设是"用语"的相加性假设——事情的重要性随着数量的增加而增加（如死亡这个词用10次就比用5次令人担忧的程度多一倍）。这一假设存在一种直线关系，即使有时日常经历表明不经常出现的一个词或短语更重要。例如，如果一个美国城市的市长在他向市议会做每月评论时说了脏话且仅此一次，那么，这一事实就会成为当地小报的头条，即使这位好市长也祈求了27次上帝的帮助。因为人们天生更被中心倾向所吸引而不被中心以外的东西吸引，因此，像"用语"这样的程序会漏掉市长讲话中的一些新闻内容。但这并不会漏掉所有的新闻。它可能会注意到这一点，如过失成为新闻的关注，精确比例为27比1。

上述事宜适用所有自动化的内容分析，但是"用语"通过从上下文中取词的方式进一步做语义独立的假设。由于"用语"把一个文本分解成它的构成部分，所以打破了收到时的文本原样。因此，该程序不能区分一个像"狗咬人"和"人咬狗"这样的句子。对一些人来说，这是程序的致命缺陷。但是，通过专注于这两个句子的相似之处，"用语"就会注意其他事情：人带狗去公园而不是微波炉；狗更有可能今天被人咬了而不会说被山狮咬了（因为山狮在一百年前才有可能）；人和狗同样能咬，一个常见的哺乳动物身份的标记。通过处理这些问题而不是法医方面遇到的问题，"用语"阐明了家庭生态、种类间的合作和人类的补偿行为。

"用语"还假设语境在逐渐变化，1时间点的语境与2时间点的语境是有区别的。例如，随着年龄增长，每年圣诞节看一部喜欢的电影的经历都不一样：我们注意到了以前没有注意到的东西；我们和孙辈一起看比单独看感触更深。这样每一次看这部电影都不是一件重复事；每一次都有新的主题在其他主题中应运而生。

语境也是一种解构式。当政客认为他们的词语已被"断章取义"时，他们说的是人类的条件：语境就在它诞生的那一刻消失了。从那时起，人们那种简单地断章取义的行为使一个文本受到"影响"。布雷纳德和雷纳说：他们是"要点处理器"，取走所需，留下其余。他们是"扩散激活"的受害者，博因顿和洛奇说，被他们头脑中突发的联想所淹没。换句话说，语境对事后分析家比当时的听众更重要。

"用语"假定人们在领会一个文本时不仅倾听语境还倾听"词汇的重量"，以适应一定程度的厚脸皮或刻薄。人们自己"查字典"以简化他们所听到的，看看他们是否已陷入一种新的或预料到的处境之中。换句话说，适量的爱国主义或宗教语言可以安抚人们的灵魂，无论这些家族词是如何分布在文本中的。这意味着文本中的单词不仅受其周围词的影响，也受这些词所继承的"词汇历史"的影响。有事例为证，种族诽谤无论在什么语境中说都对人们有伤害。

"用语"也完全透明；接触什么处理什么。没有什么奥秘；搜索什么发现什么，不多不少。在某种程度上，它比人类编码更可靠。编码员常常要编制一项特定研究任务的一套类别、报告调查结果，然后用另一个编码工具研究一套新的文本，省略复制的必要步骤。因为"用语"使用不变的类别,这样的程序提供整个研究过程中概念上的稳定性,从而使学习语言语气的学生广泛受益。

一些观察人士批评"用语"这样的程序,因为它离信息太远,注意不到其细微差别。不过,离一个文本太近也可能有问题。一句有力话语的"需求特性"可以诱惑观众以及分析家。例如,2012年谁能检查福克斯的比尔·奥雷利的没有煽情(要么积极,要么消极)的讲话呢?像"用语"这样的程序能中断这些社会身份的自然形式,方法是提出其问题并坚持其语言类别接受特殊的考虑(不是奥雷利先生可能更喜欢的那些)。通过这些方面对一个文本的干扰,"用语"就可以使其需求特点失去作用。

原文分析有两大研究传统:(1)个案研究(2)原文交叉研究。"用语"研究属于后者范畴。它认为人们对语气的敏感性是由他们对以前文本的经历而形成的,这些散漫的记忆帮助他们把所有传入的信息重新放在语境中研究。由于这些原因,采用"用语"的研究严重依赖规范的数据。当一位当代美国人听巴拉克·奥巴马的讲话时,也就是说他或她可能同时又在听马丁·路德·金的讲话(因为奥巴马的鼓舞人心的能力)和吉米·卡特的讲话(因为奥巴马的偶尔卖弄学问)。这意味着人们在解码信息时使用所有他们不得不使用的东西,使个人消费史适用于每个新的文本。"用语"假设知道一件事情需要知道另一件事。

这本书中报告的数据严重依赖后一种假定。这些数据源于美国奥斯丁的得克萨斯大学安妮特·施特劳斯平民生活学院自1996年以来实施的竞选筹划项目。这一项目的目标一直是以稳定一致的方式分析从1948年到目前的美国总统竞选产生的竞选材料。项目有3个目的:(1)汇集许多不同的政治声音——大众、候选人和媒体,全面看竞选(2)拿出能被别人证实的结果,客观看竞选(3)规范看竞选,以便每次竞选都能借鉴之前之后的那些竞选。

迄今为止,这个项目已经收集和分析了以下材料(500字段为单位):(1)竞选演讲(n=4,335段):竞选年的7月下旬到11月初之间主要候选人的正式讲话,包括全国电视直播演说以及当地竞选演说(2)政策演讲(n=2,174段):在椭圆形办公室或在国际环境中发表的讲话,绝大多数采自乔治·W·布什总统(3)竞选辩论(n=907段):从1960年到现在所有的总统辩论,每次的辩论有说话隔开,然后是分析(4)政治广告(n=719段):采自主要政党和独立政党在电视上做的广告宣传;时间包括1960年和1976到2008年(5)出版物报道(n=11,037段):采自《纽约时报》《华盛顿邮报》《基督教科学箴言报》《亚特兰大宪法》《芝加哥论坛报》《洛杉矶时报》的专题和非专题报道以及美联社和合众国际社联合企业的报道(6)广播报道(n=2,370段):采自美国广播公司、哥伦比亚广播公司、美国全国广播公司、美国有线电视新闻网和美国公共广播公司等新闻机构在1980年和1988到2008年竞选期间制作的晚间新闻节目(7)写给编辑的信(n=8,125段):1948到2008年间写给12个小城市报纸编辑的信(8)对比类型(n=3,296段)::各种口头和书面,虚构的和非虚构的文本(如,宗教布道、商务报告、社会运动的演讲、互联网文档、长篇小说和短篇小说)。

  本书延续一个15年的项目旨在捕捉美国政治的各种语气。虽然这是一个雄心勃勃的计划,但有其局限性:它关注的是国家而不是地区领导人而且只是美国领导人;它忽略了当代政治信仰的视觉方面,它专注于"遗产"媒体(报纸、电视),而不是像脸谱网和推特网那样的网络形式;它忽略了政治生活日中起决定作用常人际交往渠道。尽管有这些缺点,我们坚定不移从未舍弃。这里报道的所有数据是可复制的,靠同样的操作方式,一直受统计学意义上测试的影响。口语语气是一件如此复杂的事情,所以,我们将尽力在书中不夸大我们的调查结果,这是在处理这样一个大的数据集应该承担的一种特殊义务。

  那么,我们试图把科学的精准用到一个像语气这样微妙的现象上,无疑是在走钢丝。从一开始就注定是这样的事业吗?恰是语气这个概念迫使我们踌躇而行穿过这块模糊的墓地吗?语气是一个强大的敌人,同时又不是牢不可破的。3个毫无争议的事实令我们振奋:(1)政客用词语做事(2)

他们用词语的比例不同（3）观众对词语使用的反映具有认知性和社会性。

然而，事情有数就足够了吗？不。我们不会依赖于数字本身，而要给读者一种感觉，经我们处理的文本能展示当词语作为词组并排列起来使用时，会变得有多强大。我们要避免想法脱离语言，因为对政治的具体化理解是根本无法理解的。最重要的是，我们要努力工作以揭示确定的说话模式营造的社会印象。

最重要的是，我们要记住使用电脑做文本分析既有优点也有缺点。打个比方：一个美国中型城市里两个警官的案例。按照社区警务的正常分工，马德雷诺警官负责巡防，多年来，他已经了解了自己巡逻路线上的那些店主。他知道什么时候担心德安布罗西奥的肉类市场的灯还亮着（被盗了？延时了？）或什么时候克拉索夫斯基修理店一个门没关意味着粗心或有了麻烦。马德雷诺对其客户了如指掌。

哈里根警官不认识几个这样的人。他在直升机分队工作，从上面看到的只是屋顶和高速公路。马德雷诺巡逻路线上的人对哈里根来说只是个斑点——行驶的汽车是蚂蚁。不过，反过来也一样：如他充当马德雷诺的角色那样，马德雷诺不能看到州际高速公路横贯市区的走廊，从而把犯罪集中在了城市的一个区域。不像哈里根那样，马德雷诺也不能看到差别照明模式（很容易从空中看到）是如何使一些地区适宜犯罪或者为什么警察追逐路线蜿蜒向城镇的东侧延伸，因为这条路靠近仓库区。哈里根只是通过距离知道他的城市，然而，恰是距离让他看到了人际关系。

"用语"是哈里根的程序。它和哈里根一样不了解马德雷诺的城市；它只知道这个城市，就如马德雷诺不了解它一样。由于计算机辅助的文本分析不能被语境弄得眼花缭乱，所以，通过详尽的描述，可以分析出近视的盲点所在。"用语"揭示大体上的事情，所以强调的是结构规律。"用语"履行了自己对文本的审视之责，使文本变得"奇怪"（现象学家或许会那样说），把观察家从过早熟悉文本所得到的虚假安慰中抖出来。"用语"量化了别人不想量化的东西，而且还强调说明了真正的但没有被注意到的事情。

　　这里的假设是，很多年来，我们知道美国的政治就像马德雷诺了解那个城镇一样——局限于个人。然而，知识必须多元化。为了进步，旧类别必须重新审视，旧的正统观念必须受到质疑，看事情的新方法必须设想。我们要计算这本书中的单词数量，因为发送给选民的单词数量要具体而且那些单词必须意味着什么。我们觉得，是该熟悉哈里根的城市的时候了。

语气起作用

　　2011年4月6日周三晚上11点，一件不同寻常的事情发生了。两个人一前一后地走到竖在白宫外的一个麦克风前，什么也没说。他们没有什么成为新闻。两人，一位是参议院多数党领袖哈里·里德和一位是众议院议长约翰·博纳，他们一整天都在试图通过商谈达成预算协议以避免政府关闭。他们花了大约三十秒的时间告诉华盛顿的新闻记者没有达成协议；然后，媒体发布了这条新闻："我听说他们其实私下相处得很好，"一位记者称。"本人感觉他们真的想如愿以偿，"另一位说。"他们似乎非常认真，"第三位随声附和。当硬新闻变得稀缺时，也就是说，靠语气提供软新闻。语气——哈里·里德的羞涩的异议，约翰·博纳使用的慎重的词语，两位领导人的互相推测——是那个4月的晚上唯一可用的新闻，但这对于许多焦虑的美国人来说已经是足够的新闻了。

　　本书的论点是这样的：政治语气解决的问题是其他方式解决不了的。还没有交易达成吗？友善地告诉记者。还没有交易达成吗？用未来时态而不是现在时态。还没有交易达成吗？发表一则表明具有可能性的声明。一句政治古训是：从来没有足够的钱或选票分配给每个人。相反，语言是无穷无尽的，所以这本书提出3方面的论证：（1）政治语气为政客们如何应对不断变化的环境提供了一个方便的晴雨表（2）政治语气是一种微妙而有形的力，可以科学性和探索性地评估（3）政治语气有助于解释选民，往往在初期，对政治事件的直觉反应。我们要把语气当作神秘"泄露"的文本以显示说话者对事物的反应。我们认为选词——单个地，成组地——

是造成这一泄漏的部分原因。

例如当我们研究人们穿的鞋时，所做的事情如同夏洛克·福尔摩斯。福尔摩斯注意到，人穿的鞋子往往显示人的性格——无光泽的鞋意味着一个沮丧的人，破损的鞋揭示一个不停忙碌的人，鞋跟磨损的鞋子表明一个女人在走背运。福尔摩斯知道专注那一件事是有益的，因为关注很多事情可以混淆或被误导。专注选词，没有其他——没有句法、没有语调、没有频率——因此，我们不必理会"行为充分显示"的人类相互作用，坚强地应对沃森医生感到困惑而福尔摩斯巧妙忽略的那些因素。

这本书承认，人们有这种感觉他们了解别人，但往往说不出是怎么回事和为什么。当我们把人们的日常感知作为数据，然后寻找解释这些感知的方法时，"信任但要证实你的印象"将成为我们的座右铭。这是一件危险的事，但更危险的是：可以设想一下，民意调查告诉我们人类心中的假象是什么或者实验室的试验完全能预测现实世界。语气是一个需要小心对待的概念，但"认知失调""政权重组"或学者用来了解政治生活的其他"思路不清的概念"更需要小心对待。

政治语气遵循一种问题解决的格式。这里我们重点阐述在政界其作用的8种因素——野心、意识形态、体制等——挑战国家领导并影响他们言辞的那些因素。如果没有这些因素，所有的政治话语会听起来毫无区别，所有的政客会驶向同一个安全的港湾。但是，在政治方面环境决定一切。新的紧张关系爆发，顽固的问题再次出现，新鲜的政治个性需要关注。政客们会对这些情况的发展做出反应，本书描述的就是所发生的事情。

如第二章提出了一个基本问题：美国传统政治的区别是什么？我们的答案是，美国的多样性深刻地影响其领导人的言论，导致言词时而意思不清，时而谈吐不清，但总是带有"庄严"的语气。美国政客也寻求语言的中间地带，这并不是因为他们害怕表明强烈的立场（尽管很多人如此），而是因为语言的冒失可以推翻传统的权力关系。因此美国标准说话的公式通常是这样的：让我们在一起，但仍要保持看不清彼此的程度。

美国党派行为的故事从一开始就很奇怪。单凭规模和多样性而论,美国本可以成为一个像意大利一样变得似乎铁板一块的国家。但事实并非如此。最终只有两个主要政党,这是一件奇怪的事情,甚至不可思议。美国选民习惯性地愿意详细地解释自己的世界观,而政客经常修剪自己党派行为的锋刃。第三章承认党派政治的重要性,但表明了情况的复杂性:在美国,党派行为是一种文化也是一个政治性行为。

第四章判明了美国文化的现代性印记,展示了通过关注"时间"和"空间"的单词,就可以学到的东西。这看起来好像是一件要做的微不足道的事情,但我们认为,成熟的总统乔治·W·布什和幼稚的总统巴拉克·奥巴马在时空连续性上迥然不同,从而揭示了一种对比的物理现象。布什坚持一个更久远"空间想象",在那里面,某种坚定的信念从一开始就很具体,而且这种想象成为所有后来探讨的背景。奥巴马的世界是一个更有活力的地方,想法,忠诚在其中以翘曲的速度移动。像他们那样,在与现代性抗争中,布什和奥巴马先生在讲述一件比他们俩还重要的故事。

人类机构也会影响政治走向。例如,在过去的二百年,总统的职位越来越形式化,就如同其他运行的机构,包括司法、国会、联邦官僚机构、商业行业和大众媒体,所有这些机构都在寻求政治优势。第五章显示了最近几届美国总统是如何处理这些相互竞争的力量的,不是直接面对他们,而是在言词上涉及他们。因此,尽管罗纳德·里根知道几乎没有美国人想在星期六早上听有关政治的事情,但他还是追求那样做。他的周末"规避战略"已经成为一个政治的主要题材,第五章解释了其原因。

第2部分讲述了基础深厚的社会力量,第3部分审视了特殊因素,分析了4位当代政治家如何玩他们手中的牌。没有人比尔·克林顿的遭遇更坎坷更惨,他当时正与一位偏爱贝雷帽的年轻妇女调情。许多人认为莫妮卡·莱温斯基的丑闻意味克林顿总统任期的结束,但是如同我们第六章所显示的,那位总统自认倒霉,然后通过说服的魔法,把那桩丑闻变成了生机勃勃的政治旅程中的又一个路标而已。

乔治·W·布什和比尔·克林顿情况一直不同，而且他们的政治环境也不同。在第七章里我们说明了布什总统如何揭穿一种有关他的最流行的陈词滥调——他是一个没有头脑的思想家——我们还在整个庞大的数据库中表明那种看法有多么的错误。我们问道，布什是那么没有头脑而且从来没有被美国人的权力充分信任过，这怎么可能呢？是布什的言论形成了这些看法，他的话揭示他是一位特别细致入微的政治家而不是传统上认为的那样。他的言论出于心里的一团混乱，而他的外貌却显示着一种平静的心灵，这一发现会令许多人感到吃惊。

第八章和第九章聚焦在巴拉克·奥巴马和莎拉·佩林，政治上奇怪的一对，所面对的非常不同的问题上。我们将显示奥巴马在2008年竞选中，由于革命的政治语气使他表现卓著——尽管等待他的是美国人民面临的困难，但他以明显地公共方式接受这些。从本质上说，他接受了其最大的法律责任——他在国家政治上的缺乏经验——加上自己标志性的优势——一个社区活动家天才——打造了一个适合国家选民的甜点。但是，他上任后，有点放弃了那种语气，而且我们也显示了这一点给他在美国选民的眼里带来的损失。

莎拉·佩林既没有巴拉克·奥巴马的才智和老练也没有他宽泛政治愿景。但她有一个所有政客们都有的东西，而且非常强烈的拥有：唯我独尊的野心。她还有一颗不羁的头脑，通常会把事情搞砸。但这不是她的专利。她没有政治指南针，但她有拼命的勇气和一种感染的个性。她的政治轨迹完全可能是不稳定的，但人们在她身上发现一种大胆的可亲近性，在政治圈里鲜有发现。权威不亚于猫王埃尔维斯·普雷斯利，他曾经宣称的抱负是实现拥有"V8引擎车的梦想。"这位前阿拉斯加州长成为那个梦想、那辆车的缩影。

总体说来，这本书构成了基础研究。我们没有提出至关重要的语篇理论，也没有建模。我们的工作是描述性的，我们在严格的假设试验和文字描述之间的某个地方的一个空白点运作。我们把单词变成数字，但我们将丰富的文本例子贯穿始终。这样做，我们不仅集中于政治的实质——什么话、阐明的论点——还集中于政治语气——说出的话是怎么说的。

结论

许多社会科学家愿意把所有关于语气的讨论让与文学评论家。但政治不会允许这样的退却：茶党已经形成，唐纳德·特朗普在吸引注意力。智能手机引起中东的叛逆。有6个叛逆国家。博比·金达尔，年轻的路易斯安那州州长，今天被正式宣布为学者，一位明天就过时的人。杰西·文图拉在搏斗；杰西·文图拉在统治；杰西·文图拉在为一本体育书做代言。还有更多的例子：顾问弗兰克·伦茨因杜撰"死亡税"一词被宣称才智超群，女性候选人被告知在竞选节目中"充人数"，乔·拜登在国家电视台上低声说，新法律是"该死的大手笔"。政客，词语，政客创造词语，词语创造新闻。无尽地循环。

从某个角度看，语言与治理无关。纯政治，原始政治，只承认力量：军事力量、经济力量、技术力量。与这些力量相比，语言似乎只是个后来者，一个空壳。如果这是真的，学者为什么估计多年来白宫工作人员80%的增长率造就的不是更多的政策专家而是人类历史上最复杂的信息机器呢？政治性语言现在伴随着力量，有时，面对威胁或承诺或外交时，政治性的语言就变成了力量。当双子塔坍塌和海啸冲击时，词语还能成为一个奇迹，一种治愈，这本书认真对待所有的这些词，因为无论从短期还是长期来看，词语就是我们。

第二部分
社会力量

第二章
多样性与容纳的语气

讨厌政治是美国人有历史记载的一种消遣。鉴于这个国家排名第一的大众民主地位和其政治状态功能的稳定性,这的确非常值得注意。然而,谴责政客是一种常年的现象。这里仅举几个例子:

- "坦率地说,我听腻了华盛顿的政客们给我们其他人讲'家庭价值观'的课。我们家庭有的价值观而我们政府却没有。"
- "我们觉得我们已经失去了对自己政府的控制,以致它已经成为我们的主人而不是仆人,以致我们被特殊利益和不关心我们的政客统治。"
- "社会保障已经被政客利用足够长的时间。该是不让老年人惊恐的时候了。"
- "每天,美国人民都在被只想选票的政客欺骗。"
- "难怪美国人失去对其政客们的信任?"

刺耳的话。但非常值得注意,上述表述出自竞选总统的人之口:吉米·卡特、比尔·克林顿、乔治·W·布什、巴里·戈德华特和约翰·安德森。像格劳乔·马克思这样的人,他们似乎对他想加入任何他们所在的俱乐部而感到惊骇。尽管他们担忧,其中 3 个那种人的申请还是被接受了。那么为什么还谴责呢?是什么让他们认为对这样轻蔑的施舍会使他们当选呢?

教师、律师或建筑师粗暴地对待自己的同类理所当然吗？抢劫一个机构是为了拯救它吗？只有政治如此。

关于这些攻击，有几件事情很有意思：（1）它们构成了一种比喻深深植根于美国文化（2）它们现在成为一种通用语言，一种普通选民彼此联系的方式（3）新闻界——宪法修正案唯一保护的职业——通常领导这些攻击（4）这些攻击已成为流行娱乐的勇敢形式（5）似乎没有人担心这些谴责的文化成本。

纵观西方历史，形形色色善辩的人都对政治进行过猛烈地抨击，所以，阅读这些建构是会有启发的。几乎总是那样，逐渐揭示了悲哀的理想主义者，其基本主张是"政治就是太"。太强大、太无能、太教条、太温顺。太包容、太排他。如表2.1中所见，对政治的批评揭示了在公民社会里人们渴望什么，以及住在那里的失望是什么。表2.1中显示了政治由于种种原因遭到嘲笑：反应太慢或太快（效用方面），太自私或平庸（美德方面），事务处理不负责任（交往方面）。虽然政治是一种经济事业——一种决定谁以什么代价从谁那里得到了什么的机制——但有关一些更大利益的事宜还取决于集体协议（情感因素）。最令人沮丧的是，政治承担了永远无法完成的工作（公路、医疗保健、国家安全）。因此，政治最不可或缺的特征——适应性、谈判性、外交性——给人留下不好的印象。

这些评论告诉了我们更重要的事情——人们在听到政治时能认识它。但是他们如何把政治和文学、宗教、生物学或足球区分开呢？要想机敏地嘲笑某事就得以亲密的、手拿把掐的方式知道它。但是，我们知道它是什么吗？政治领导人给出区别他们和其他社会演员的提示了吗？传统的政治创作出来的独特推理标记将政治与其他职业或生活方式区别开了吗？如果是这样，这些标记帮助解释为什么政治使我们中的那么多人心烦意乱，甚至为什么政客们觉得应该谴责自己的职业了吗？

表2.1 对政治的流行抱怨

	公用事业	美德	互惠	影响	灵活性
过分	占主导地位：政治是熟练地使用迟钝的物体。	自命不凡：在政治上的最终举措总是拿起枪。	粗俗：有人说，政治是第二古老的职业。我知道它和第一个职业有惊人的相似之处。	善辩：政治是娱乐行业。	弛缓性：在政治上的选择通常不是在黑人和白人之间，是在两个可怕的灰色阴影之间。
不足	拖拖拉拉：政治是在硬板上使劲、慢慢地钻孔。	狡猾：政治——一种利益冲突伪装成一种原则的比赛。	傲慢：政治现在只是世界上崭露头角的一种手段。	恶意：政治作为一种实践，不管其什么职业，一直是仇恨的系统组织。	僵硬：政治是阻止人们参与恰好与自己有关的事务的艺术。

大多数美国人可以直观地解释是什么让政治成了"党派的"。他们可以告诉你，政治谈论问题拐弯抹角而不是直截了当。他们可以告诉你，政治家说话都拐弯抹角，他们围绕一个主题谈而不是直接面对这个主题。他们还可以告诉你，政客一直主张沃克·吉布森所说的"不劳而获的熟悉"，一种他们现有的与选民的关系所保证不了的安逸。虽然大多数美国人可以告诉你这样的事情，但他们不能告诉你他们是如何知道的。迄今为止，学者们做得更好一点。

现在，我们试图通过将政治信息的基本特征与各种其他文本相比较的方式改善这些条件，几年前带有一个较为适量的数据集的项目开始实施。在"用语"对大约3万个短文的分析基础上，我们将展示政治信息与其他文本——新闻报道、社会激进主义、公民的通信、娱乐论坛等有什么区别。我们报告，政治是一个无产阶级的活动，不断在寻找普通选民。我们进一步发现政治在不断地否认自己，超越平凡的事情去寻找更宏伟的目的。我们还发现政治创作一种不安分的文本，它可以抵制狭隘的议程以激励一个复杂的政体。政治的几何学有很多角度，使讽刺变得容易。但它也涉及生存和死亡，这才使它成为现在这样——迷人的、烦人的、鼓舞人的、令人沮丧的，以及英语中所有其他的现在分词所表达的意思。

我们的总体观点是：在美国已确立的政治特别通融，因为国家普遍存在的多样性。否则，怎么可能会是这样的呢：3.3亿人，陆地是英国的40倍，曾经只有基督教，现在穆斯林日益增多，90%的人中富人只占30%，正在变老同时又在变得年轻，更多的亚裔和拉美裔人。"我们美国人并不是我们自己，"塞缪尔·P·亨廷顿称。我们"想象的集体"已经萎缩，我们"结构和力量的概念"也已经淡薄，丹尼尔·罗杰斯说。美国人越来越"贬低为一"和"荣耀合众"，阿瑟·施莱辛格说，然后是原始政治本身："无论右翼还是左翼，就堕胎、政治、种族事宜处心积虑苦苦争斗，人们担心一定程度的不耐烦以及更糟的甚至分裂，已经开始给我们的国民生活带来了苦恼"。一个运转良好的政体会从这种环境中出现吗？只有言论可以，我们认为。

缩短距离

政治是一种自然的事情，但很少被这样对待。更多的时候，它被视为一个不相容的事情，一个入侵到普通美国人的平凡世界中的东西。对大多数人来说，政治来自另一个地方，那些讲政治的人说的是外国语言。在一个城镇的蓝领区，坐在一个酒吧里，一位同事将冒着生命危险提到"伟大的和良好的城市"，谈到"令人哀悼和怀念"的一个人，谈到向"愿意和敬业的人"招手的工作。这是一位高职位的人说的语言，到处都可以看到的语言，但是与日常生活无缘。

当然，在公共场合说话的人必须摆脱方言。必须有足够的公共词汇，说出的话语是不能收回的。话说出去了，还得容许有许多正反两面的解释。政治本身必须应对当下以及许多未来的时刻，只有其中的某一部分才能够预料。结果，政治变得浮夸了——大体上的语言——这并不是说语言变得富有诗意。相反，它更加普通了。正如我们前面说过的："就连出生也是原始的政治行为：我们被命名、按脚印，然后在市政厅登记。吃是一种政治行为，所以我们有农业部养活我们，我们有食品和药物管理局安全地养活我们。呼吸是一种政治行为,所以,美国环境保护署监视我们。死亡是一种政治行为,所以我们城镇的太平间每年都要检查。政治笼罩了我们一切,从摇篮到坟墓"。

然而……存在距离。距离存在于领导者和追随者之间,现在和那时之间,这里和那里之间,富人和穷人之间。还有心理距离:政治最终是一个神秘的地方。即使有支配透明度的严格规定和记录公开的法律,在一个大的和多样化的社会里,每个人不可能知道一切。毫不奇怪,这种距离会滋生不信任。"每当一个人渴望得到"官职时,托马斯·杰斐逊曾经宣称,"他的行为就开始腐败了。"亚伯拉罕·林肯也警告过那些"关心的不是人民利益的人",如果是这样的人,"至少离诚实的人差一大步"。对于杰斐逊来说,政治距离是眼睛的事,对于林肯来说,是地平线的事。对于马克·吐温来说,它的垂直品质预言其衰败:"历史已经努力地教导我们在政客领导下我们不会有好政府的。现在,还去坚持一个负责人的政府不可能是明智的"。

由于其特殊的大陆块,那些距离问题在美国一直特别重要,而且由于近年来全民的数字化以及"托管型"市民越来越多,这些问题更为恶化。一些学者看到了通过新的社会媒体来弥合领导者与被领导者之间的分裂的可能性,但至今也几乎没有表明结果的证据。正如拉塞尔·道尔顿所说,"大量证据表明美国民众越来越怀疑和不信任领导他们的政客。"盖洛普民意测验只增加了这些担忧,认为"在国家的民主制度下,美国人仍然更多地相信自己做出判断而不是相信政治生活中的那些男性和女性,调查中有69%的美国人表示'非常'或'相当'相信前者,有47%的人相信后者。"

在许多方面,这些结果是注定的,因为美国一直是本尼迪克特·安德森所说的一个"想象的国家"。安德森指出,"即使是最小国家的成员也永远不会认识他们大部分的其他成员,也不会见到他们,甚至听说过他们,但在每个人的心中都有他们在一起共同生活的影像。"这种效果自1776年以来已经被放大了一千倍。所以,美国现在是一个最想象的国家之一。

如果缺少一个共同的宗教或种族，它从一开始就不得不面对自己的诸多不可能。随着国家的发展，它失去了陆地的连接，开始依靠思想来保持联系在一起。比斯利说，"美国身份的说法"最终建立在"共同的思维方式"上，而不是在使欧洲那些国家兴旺起来的地球中心说上。距离，从一开始就在美国存在的一个淘气的小妖精。

怎么解决呢？去表明美国人民的存在，而且要不停地、热情地那样做。人民的政府。自由世界的希望。上帝庇佑下的一个国家。这些都是老生常谈的短语，就是说，要一而再再而三地说，就是说，这些话语毫无疑问地服务于某种伟大的目的。什么目的呢？政治顾问罗伯特·施勒姆曾经警告约翰·麦凯恩不要把2008年的古斯塔夫飓风"政治化"，把"政治言论"放到一边，但这就像让一条鱼飞。就美国人相互间的距离而言，自然灾害有助于把他们凝聚在一起并加强同情感。美国人依靠政客来得到一种共享的认同感，斯坦利·兰森说，因为单靠事物——iPad电脑，纽约洋基队——是不够的。庞大的人口——在经济层次上有着巨大的差异，在宗教体系上常常不相协调——提出了无休止的社会挑战。帮助第一代古巴裔美国人感到与堪萨斯州的一位卫理公会农民有亲情需要一个政治家。

弥合这些距离的一种方法很简单：政客们试图"摧毁他们和美国人民之间的层次结构"。说到此，有多个具有讽刺意味的事，因为美国政客几乎总是白色人种、男性、富有、比他们所服务的选民受过更好的教育。这些人口统计学差异不能轻易地根除（也许除了通过耐心的政治招聘），所以美国政客求助于散漫策略：他们变得普普通通。起初，这听起来异端，因为美国人讨厌认为自己和别人一样。的确，他们认为自己是特殊的，这就是为什么一本新闻杂志认为他们在2011年报道的一条新闻是有价值的：巴拉克·奥巴马提到"美国例外主义"这种说法比乔治·W·布什提到的那个著名的例外主义者单词更为经常。

但美国人民也对平均化感兴趣。正如安娜·科里蒂克在她迷人的《完美平均》一书中所说，美国人常常渴望正常状态；尤其在二战后的动荡期间更是如此。"在 1943 年和 1963 年之间"科里蒂克说，常态"是一个强大的认识论范畴，通过它来衡量和定义美国人的生活。"作者从关于人体到公民角色本身的观念中和从原始的经济欲望到社会的亲和力方面搜寻平均化。不过，她也谈了关于探索中间道路的一些深刻的哲学问题："令人痛苦的讽刺是，对于所有美国人来说，常态涵盖的意思不仅是得到非常满满意的而且还有完全够不着的，无论他们好像离得有多近。常态呈现的是一个不可能的典型和理想组合体：要实现这一目标，你就不得不变得完美平均。"

常态在 20 世纪中期的美国是一个重要的文化观念，尽管还有一些其他的一时兴趣。20 世纪 60 和 70 年代的反主流文化运动指出了可选择的方案，民权运动和妇女运动亦如此，更不用说连篇累牍地报道前卫的社会时尚、电视大奖秀以及那些喜欢充分炫耀的运动员。但所有这些替代的选择已经遭到民众的尖锐、经常是高声地批评。如同该来的不可避免地会来，当变化真的出现在像美国那样的动态、硬充电的经济中时，美国人很快就宣布了他们的新发明（广播、电视、智能手机）是新的常态，那种引进外来事物的需求是非常强大的。

美国政客一直理解这样的事情。我们在早期的研究中注意到了那种趋势，我们发现获胜的总统候选人比失败的候选人更能达到语言上的适度，这很有意义，也是一个很少有例外的规则。很明显，对于政治来说，这可能意味着什么呢？舒茨的研究报告说，政客在艺人和政策专家之间寻求一个语言中点以平衡他们对可见性和社会性的需求。同样，德费尔和康诺顿发现，政客徘徊在其"语义网络"中心附近，而"外围"问题几乎总是被获胜的候选人放弃。在一份覆盖广泛的国家研究报告中，安德森得出结论，使用"至少对很大一部分公民来说是平常的语篇"是实现政治和谐至关重要的，即使在包含很大的民族和宗教差异的社会里。

为了测试"人民需要的这个人"这一假设，我们开发了一个常态指数，最接近平均值的得分，连续偏离平均值的扣分。我们对"用语"的所有 41

个变量进行计算，包括33个词典，两个计算出的分数（多样性和复杂性），以及五个自定义词典（爱国术语、政党参考、选民参考、领袖参考、宗教术语）。每个变量为5分制，从5分到不超出 ±0.5 平均值标准偏差的任何分数，从4分到不超出 ±0.5 平均值标准偏差的任何分数，以此类推，直到1记录的任何分数，偏离平均值2个或更多的标准偏差。这个平均值常态最终得分为150分，标准偏差为10.9，在41到205范围内（用于这一研究阶段检查的21968段文本，其中25%是政治文本）。虽然这是一种粗制的衡量方式，但被证明是一个识别文本特质的方便方法。

不管价值如何，约翰·安德森在我们的样例中发表了过去的60年间最"正常"的演讲（常态得分为185分）。他的话，正如人们所预料的那样，不引人注意。那些词语听起来完美平均，也就是说，听起来的完美政治：

近年来，一些美国人认为我们鼎盛的时期已经过去，我们必须使自己顺应外交和经济的衰退。我不同意这种看法，我在总统竞选的这一年中所见过的大多是美国人也不赞同这种看法。诚然，他们厌倦了糟糕的政府，但他们充满了想法、精力和对美好未来的希望。他们愿意做出牺牲来获得这个未来。他们想要的是一个向他们展示一个清晰、可信的未来纲领的政府，这个纲领使他们能够满怀信心地去扭转和计划，这个规划鼓励创新和冒险、减少监管、释放他们的能量。这是本届政府将尽力提供给他们的那种政府。

安德森的讲话一点也没有引起重视。没有想象的迸发，没有引申的隐喻。他的讲话缓缓地结束了。平庸、缺乏个性。这不是鲍勃·多尔的语气。多尔于1996年10月22日在密歇根州大布兰科发表的演讲在我们的样例得分最低（112分）。多尔没有拐弯抹角，他的引言充分显现了这一特征：

白宫之路贯穿密歇根。我们将记住11月5日的这个周。等着瞧吧。我要欢迎你们今天所有到这里参加比尔·克林顿退休派对的人。谢谢你们的到来。

很明显，我在山猫家里感到自豪。山猫，记住它。我们从来没有一个鲍勃的人——嗯，啊，肯定是在另一个选区。我们在白宫里从来没有一个叫鲍勃的人。你不觉得是时候了吗？是的，是时候了。我们在白宫我们确实一只猫，叫索克斯。但是我们在白宫里没有一个叫鲍勃的人。

当触及多尔演讲的实质时，他听起来无比地共和党特征——更少监管、更自由的创业精神——但一直带有切分音的多尔主义腔调。他的语气确实引人注意——亲切，必须承认——这就是为什么他在许多圈子里得到爱戴。在他的演讲结论中多尔再次显得格格不入，把政策问题变得带有浓浓的个人色彩：

在（克林顿）就任总统时，我们把吸毒人数减少了一半。现在，45个月过去了，吸毒翻了一番。我向你们保证在本届政府的第一个任期内，我们将吸毒切少一半，保护你们在这里看到的与我一起站在这个讲台上的其中一些年轻人。

而我想对他们说——请不要开始。如果你已经开始了，停下来——无论是毒品、酒精、香烟或诸如此类的东西。这是给年轻人的一个机会。你们知道，这是你们的生活。这是你们的未来。你们将是美国的未来。有一天，有人会站在这里竞选公职——可能就在这里的这群人中。而且他们想要看着你的眼睛说我没有这样做。就别做。就别做。就别做。那么，我们将有一个更好的未来。

我们的数据表明约翰·安德森而不是鲍勃·多尔是常态标准。我们是通过政治文本的常态指数和各种其他体裁文本的比较发现这一点的。开始这项调查时，我们一无所知，我们把政治语篇当作"黑匣子"那类东西，所以，我们宽泛撒网涵盖不同的文化产品。我们检验的种类包括：（1）公共对话（n=963）：政治辩论、戏剧脚本、电话交谈、多人互联网聊天、解决问题的小组讨论中的相互对话（2）正式演讲（n=3,442）：党派候选人、在位总统、社会运动领导人、企业高管、主流宗教领袖（3）印刷新闻（n=7,657）：各种主题的新闻报道，包括政治、科技、金融、科学、卫生（4）电视节目（n=1,550）：来自竞选活动期间的晚间新闻、流行产品的广告、黄金时段的喜剧和戏剧片段（5）个人用语（6，403）：写信给12个小城市报纸编辑的信、各种工作环境中使用的电子邮件通信、流行音乐的歌词、宽泛的诗篇和诗句（6）专业评论（n=424）：报纸社论、哲学论文、法律文件、公司报告（7）博客（n=370）：选自重点是政治、娱乐、商业、科技、人们个人生活的网络博客中的个人博客。

如表2.2所示，每当政治与其任何推论的邻居相比，总会发生非凡的事情：没什么了不起的。政治说客不断地寻找日常词语来解决日常问题。技术词语、趣味词语、复杂词语、具有宽泛社会语言意义的词语通常是回避的。内省反思类、强烈表达感情类、实验思想类、特别哲学思维类以及简单和鬼神类的词语也都排除在外。替代它们的是弥合距离的词语，如"我比你想象的更喜欢你。我生活在你的世界里，你生活在我的世界里。相信我，我不是陌生人。"

换句话说，我们感到政客如同外星人的这句流行语是不对的。表2.2表明，它不是独自倾向中间状态的国家演员。报道政治（与科学、财务或科技相对）的记者也那样做。当普通市民给编辑写信时也那样做。电视记者和政治博客也那样做。涉及政治人物的事总能吸引人们去听朴素的演讲、容纳他人的演讲。虽然表2.2所示的其中一些差异比其他的大，但总体模式仍然是一个模式。

应当承认我们的常态指数还不是一个智能工具，很尴尬地缺乏"内容"，只照顾到了谁选择了日常词汇和谁没有。我们的衡量方式对已故的伟大的政治演说家——林肯、丘吉尔和罗斯福不利。他们是大众诗人。他们的言词寓意惊人，特别是在国家大场合讲话时。但是在政治方面，更多时刻讨论的是上下水道线、医疗保健、银行改革、移民法问题。因此，这就是正常态。记者，语言大师，被这样的素材搞得灰心丧气。他们本能地翘起耳朵去捕捉不寻常的表达法，因此，被温斯顿·丘吉尔讲话的高超艺术所吸引，甚至被鲍勃·多尔的低级艺术所吸引。因为多尔非常讨厌照本宣科，所以在竞选活动中他总是鹤立鸡群。

表 2.2　政治文本与其他类型文本对照的常态得分

公众	印刷品	电视	个人	专业	在线	正式演讲
政治辩论	竞选新闻	政治新闻	写给编辑的信	年度报告	政治	社会运动
戏剧脚本	财政新闻	产品广告	诗词	诉讼案情摘要	娱乐	党派竞选
电话交谈	科学新闻	黄金时段的情景喜剧	歌词	报纸社论	公司	政策演讲
因特网聊天	技术新闻	黄金时段的电视剧	电子邮件	辩论的文章	个人	宗教布道
问题解决					科技	企业公关

德怀特·艾森豪威尔，另一个认真的中西部人，没有脱颖而出。虽然他是一位有一定名望的作家，但艾克的讲话很少有做作的痕迹。相反，他的讲话轻盈流畅，朴实无华，具有民间风味。在他 8 年总统任期中，艾森豪威尔讲话无数次，但除了他著名的军工综合设施演讲，他的讲话没有一个一直萦绕在国民的脑海中。让作者阐明平均性是不容易的，因为它就是平均。艾克在 1956 年竞选连任时所做的其中一次竞选演讲（常态指数=180）可能足以说明问题了：

这真是一个莫大的荣幸，欢迎你们今晚来这里。很长一段时间，我一直期望有一个机会，向某些代表美国的各类人士讲话，谈他们想的那些事情，而不是我想的那些事，我认为我知道你在想什么。现在，我知道在你们中间有共和党、民主党和无党派人士，有第一轮选民，一切事情。我不会让你们投谁的票，我只会请你们，唯一的请求：请投票，仅此而已，请投票。

我们在这里看到，艾克期待这件事不是"无限的期待"，而是"长时间"。他对"人们想的"感兴趣，而且怪透了，他对自己想的也感兴趣。他还完全致力于投票。到目前为止，他的言论并没有导致华盛顿记者拿出自己的笔记本记点什么。然后他继续说：

刚才我说了点自己的背景的事。我怎么能忘记这一点：是人民构成了美国！如果你说你是爱国的，那么就意味着：你所想的不只是从佛罗里达州到俄勒冈州的土地或从圣地亚哥到缅因州的波特兰；你想的是居住在这个国家里的人民。他们与你有共同点，为他们的公民身份而骄傲。这是任何人都可以拥有的最珍贵的东西。因此，你们或其他的任何人如同来过这个地球的任何百万富翁对我来说一样重要。

我们在这里得知，美国人是公民，我们三番五次地得知这一点。我们得知"公民自豪感"是一个炫耀的特征，但艾克没有以此发表美好的号令。相反，采用说话的方式，也就是说，他挑选容易理解词，这类词给听众一种取向。然后他继续赞美那些来自企业的人，他们已经成为他的政府的一部分：

现在，我有3，4位非常成功的商人在内阁。我的朋友，国防部每年花费400亿美元的资金。绝大部分或很大部分购买了武器——坦克飞机、枪支弹药和所有这些现代武器。你宁愿让谁负责这件事，某位从没做过事的失败者还是一位成功的商人呢？我找到了我能找的最大公司，通用汽车，的头说："你能来为我们做这个吗？"我认为他一直做得很好。

我有另一位同样的商人负责财政部，因为他是那种不只是囤积资金的人，他用钱给美国带来好处，营造工作岗位。他为什么不能是一个生意人呢？商务部有一个商人，一个非常成功的小企业家，从事珠宝之类的生意，一个非常优秀的人。但是我有吉姆·米切尔在劳工部，他是政府有史以来我们曾经有过的最好的劳工部的人。

这里没有形容词的过分渲染：商人是"成功的"，他们的公司是"大的"，他们的公务员工作做的"好"。艾克的问题缺乏华丽的辞藻，他的动词没有变化："有公司的头""有另一个商人""有吉姆·米切尔"。他的指示对象模糊不清（"同类""那种""那类人"），而且当他一直给予赞美时，基本上也是没有什么变化。

艾克说美国英语，说的流利。在这个意义上，他是理查德·森尼特所说的"公众人物"，一旦踏入竞争场所，他就已经把他的私人自我放到了后面。

罗伯特·弗罗斯特曾指出，"诗歌是关于悲伤的，政治是关于不满的"。我们在调查的政治文本中发现了珍贵的小诗。有时我们发现了一件兴高采烈的事，但更多时候，语言的目的是快速传达想法。相比之下，文学是被尽情享受，布道是被深思，广告是被记住。律师和会计师使用语言为了起到保护作用，树立起语言标志抵挡随便的过路人。娱乐圈人士如果能找到一些热情的语言，就会被用来吸观众，如果不能就用愚蠢的语言。相反，政客站在人行道上，穿着棕色系带皮鞋。

这里报告的数据不会令老记者乔·克莱恩满意的。在《政治失落》一书中，克莱恩提出了更多有关言论的问题。列举了罗伯特·肯尼迪在马丁·路德·金被暗杀的那个晚上在印第安纳波利斯做的演讲，克莱恩赞美那是一次勇敢的演讲，一个充满真实情感的演讲。克莱恩报道称，今天"像肯尼迪那样精彩的时刻寥寥无几，"有时政治家要"告诉他们的支持者一个麻烦的真相，或迫使他们的批评者以不同的方式思考问题；有时他们碰到一句新的极好的惯用语，有时他们产生夸张的或过分的或未经检验的词语的灵感。"由于政治家们现在说出的短语都经过焦点小组慎重地同意，所以结果显而易见，克莱恩说："美国政治已经变得过分的谨慎、愤世嫉俗、机械、以及平淡乏味"。

但是还有多样化的问题，进而是距离的问题，再则需要容纳他人。政政治家就是那样的讲话方式，因为他们的确是语言大师但不是艺术家。他们建造人与想法之间、人与人之间沟通的桥梁。乔·克莱恩寻找本身吸引注意力的语言是对的，而且的确有这样的时刻——当我们面临巨大挑战时，进而巨大的机遇也就随之而来时。有分娩的阵痛（想起了1968年），但它最终用一个连体人接受了那些挑战并抓住了那些机会。在一个像美国那样的多样性国家里，疏远行为比比皆是而且一直如此。我们数据表明，它需要一种平民言论，一种容纳的言论来连接人民和他们的政府，并把他们送到公共广场。隆重场合需求庄重的言辞，但在日常的政治生活中，普通词汇就可以了。

管理关系

在许多方面，美国总统的生活是一件极其重要又非常棘手的事。他乘坐飞机全球走访，拜见强大的商业和政府领导人，更少不了许多体育和娱乐名人以及世界上最好的思想家和艺术家。然后，猛地一下，他又必须会见按照自己方式做事的美国人民，讲普通话以保持参与式的民主火焰燃烧。因为选举权是有限的，所以，总统每天都得到提醒——有媒体的报道，有民意测验——权力属于那些与别人关系搞得最好的人，这就是为什么领导人经常求助于语言的中间地带。

美国总统必须处理好很多关系，包括外国元首、商业界成员、国会山领导人、五角大楼高级官员、成百上千的州和地方官员、成千上万的联邦官僚。但是美国总统与两类人有一种特殊的关系：给他选举权的——美国人民以及每天都在威吓他的——第4等级（新闻界的别称）。理解这两种关系对于了解总统如何决策和什么赋予了美国政治特殊的语气是至关重要的。

为了实现这样的理解，我们测验了所有3个参与方的语言习惯。为了获取公民的声音，我们检查了写给编辑的信（n=8，125），是1948年和2008年间写给全国12个小城市的当地报纸的。为了获取新闻媒体的声音，我们检查了1948和2008年间由美联社、合众国际社、《纽约时报》《华盛顿邮报》《基督教科学箴言报》《亚特兰大宪法报》《芝加哥论坛报》和《洛杉矶时报》发表的报刊文章（n=11，037）。党派的声音限制在1948年和2008年间总统竞选活动时做的竞选演讲（n=3，903）。

总的来说，我们的数据强调的是政治的地方性方面，告诫对政治的理解不要过于自由主义，近年来在学院里流行的一种理解。斯坦利·费什展示了这种方法的前提："我们采取的任何行动或做的任何决定以及达成的任何结论取决于假设、规范和价值观，这些并不是每个人都将确认。也就是说，我们所做的一切都是源于一个争论的原点；由于可竞争的领域是政治领域，所以一切都是政治的。"费什或许是对的，但是，确立的政治是一个窄的多事情；把当选的领导人与那些在一般的或新闻场合谈政治事务的人对比一下，这一点就变得非常清楚了。

如表 2.3 所示，当选的政治家们在现实性的平均值得分上明显高于其他任何社会角色。美国人从最底层的、非哲学的民族到现在已经达到了文化普及的地步。路易斯·梅纳德观察到，南北战争后的知识分子首次确认美国人倾向于思考来自人们生活经历中的想法而不是抽象概念。"想法不是'在那'等着被发现，"梅南说，而是"工具——像刀叉和微芯片——人们设计出来以应对他们自己所处的世界。"美国的政客内心里完全理解这些文化假设，也明白抽象的概念在美国不会长久。这使得他们不断在寻找实例化的想法，寻找利用选民的直接感觉需要的方法。他们的现实性高分数表明了他们这方面的倾向。

表 2.3 确立的政治：自信地务实

活动性	确定性	共性	乐观态度
平均值	公民	政治家	新闻媒体

政客表现出来的信心也比记者和市民大（更高的乐观态度和更高的确定性）。这些共同的品质说明了传奇的美国决心："我们在工作，什么也征服不了我们；下周我们会解决核废料倾倒的问题。"许多美国人厌倦了这些没完没了的承诺和所有的开心。然而，然而，然而，4 年一次的大选，成千上万的美国民众穿过爱荷华州和新罕布什尔州的积雪以找到一个新版本的美国计划。"解雇那些脓包"与"再有 4 年"的论调在竞争，1600 万美元花费在讨价还价中。当然，这纯属虚夸不实之词，但它仍然在陶醉足够多的人足够多的时间。的确如此。

还有另一种方式看待这些数据——想象生活在一个地方，在那里政客不想解决面临的问题，一定是优柔寡断或给他们图画涂上红褐色。"那时你会想念我们"政客们异口同声。"谁会出现在那里让你坚强起来并帮你度过道指暴跌的折磨呢？谁会告诉你只要再多那么一点微电子学就会搞定困扰你的事呢？是的，你不喜欢我们的武断意见和夸大其词，更不喜欢我们的自诩。但是，每当我们向你们喝彩时，你们为什么又聚拢过来呢？你们再告诉我们一件事：为什么学者不断地表明最乐观的候选人通常赢得选举呢？老实说，现在：没有我们你们能生活吗？"

我们的数据显示美国政治的本质特征是勇敢，但是还有从墓地呼啸而至的某种元素，因为总统和人民之间的基本关系令人担忧，无止境的担忧。关于公众意见，学者继续表明在首席执行官任期中——即使是广受欢迎的总统——观众表示出来的情感起伏不停，这就需要几乎恒定的现实性、确定性和乐观态度的流露。美国人对他们的总统时而喜欢时而不喜欢，这导致了语言机器的不停运转。无论这个机器的作用是否最好但它是学者之间争论的一个原始素材，但是美国总统没有一个敢以无休止、咄咄逼人的表现来检验这些假设……或安静。所以这台机器继续在发声：

我的重点是工薪家庭——人们想方设法挣钱购买房子和汽车，工作加班来积攒大学学费和善待自己的孩子……无论你住在郊区或市内……无论你是在农场种庄稼或养猪养牛，在州际公路上开大卡车或在互联网上做电子商务……无论你是否开始养活自己的家庭或辛勤工作一辈子后准备退休。经常会是这样，各种强大的力量和强大的利益挡住了你的路，一些可能性似乎也不利于你——即使你为你和你的家人做是事情是正确的，我们为你们所有的人——纳税、承受负担、做着美国梦的人——怎么做和做什么应该是判断我们的标准。对于我们所有的美好时光来说，我不满意。对在美国所有不得不挣扎地支付应受的教育和飞涨的处方药价格的家庭——我想让你们知道：我已经接受这些强大的力量的挑战。作为总统，我要勇敢地面对，我会支持你们的。

这些恰好是戈尔在2000年民主党全国代表大会上的讲话，但也代表放大了的美国政治家。戈尔介绍了美国的万神殿里的所有人物——上班族、有家室的人、被委屈人、令人敬畏的长者、有恃无恐的领袖、体面的公民。戈尔引用了一大堆问题，但无疑可以找到解决方案，而且他知道这些方案在哪。他的话在我们的常态指数上得了高分，也就是说，没有什么特别时尚的东西。相反，他表现的坚决和务实，人们毫无怀疑一个美好的未来在召唤。

但新泽西州特伦顿的M·G并不这么认为，稍后，他这样认为：

副总统戈尔在对药品的看法上大错特错。在最近的民主党全国代表大会上，戈尔认为把制药行业与"大烟草公司"和"污染者"划归同一类别是适宜的。我个人对这种恶毒的和毫无根据的攻击感到不满。我在制药行业工作了15年多。我一直有幸从事一些项目，这些项目已经把具有重大意义的丙型肝炎、人类免疫缺陷病毒（艾滋病）和威胁生命的哮喘的治疗推向了市场。

像我的很多同事那样，我从事医药研究的目的很明确，就是要对改善人类条件产生真正的和能看得见的影响。对我来说，这是我人生目的和我的职业利益卓越的结合。很显然，这使我成了戈尔先生眼里一个邪恶的人。虽然我也是一个"上班的人"供养"一个工薪家庭，"我不是在欺骗自己认为戈尔先生是为我而战。看起来，这家伙为了当选会说或做任何事情而不顾他对这个国家的政治和社会结构所造成的什么损害。

M·G他大谈哲学（低现实性），表情比戈尔阴沉的多（低乐观态度），虽然他把自己的观点表白的清楚（戈尔"大错特错"），但他是过于自我指认和不直截了当以致在确定性上没有得高分。

M·G把他的情况说得很清楚而且在捍卫制药业时可能也表达了他的许多同事的心声。在这一过程中，他展示了为什么领导者与被领导者之间的关系在美国，一个几乎所有公民有多少都说自己是中产阶级的民族，需要这么多的照顾（乌尔夫，1998年）。虽然从这段文本中还不清楚M·G是否很了解托克维尔，但是他成了那位法国旅行者在1835年穿越年轻的美国时遇到的那些人的缩影："在民主方面，普通公民看到一个人，他出身卑微,几年后有了财富和权力;这种表象令他们惊讶和羡慕;他们询问昨天还和他们一样的他怎么今天就被赋予了权力来指挥他们呢"。历史学家加里·威尔斯说,对政府的这种担忧存在久远以致它是"美国历史上永恒的事情"。威尔斯补充说,这种担忧有时是明智的,有时会歇斯底里,但几乎总是存在。

什么是政治家要做的?至少3件事,(1)他或她可以强调他们的热情和人道(自我指认高分)(2)分享他们对普通美国人的理解,最重要的是,(3)完全不理睬他们为了谋生所做的一切(领袖指认和政党指认低分)。这个后者的特点特别有趣,因为它暴露了一种厌恶亲人倾向(仇恨自己的家庭)试图找到和常常持怀疑态度的选民的共同点。结果,所有的政客站在了"政治之上",这一事实即使是年轻的约翰·肯尼迪也含蓄地表示:"母亲都仍然希望他们最喜欢的儿子成长为总统,但据几年前的一次著名的盖洛普民意测验表明,他们不希望他们在这个过程中成为政治家。"

人们可以再次转向戈尔在2000年民主党集会上的演讲看看这些主题是怎样展示的:

我今晚站在这里仅代表我自己,我想让你们知道一个真实的我。我生长在一个美好的家庭,我有很多感谢,我父母给我的最好礼物是爱。当我还是个孩子的时候,我从未想到我的安全所依赖的基础会动摇。我父母教给我的所有经验中,最强大的一个是——不言而喻——他们彼此相爱的方式。

我爸爸尊重我妈妈,就像我妈妈尊重我爸爸一样。她是他最好的朋友,在很多方面是他的良心。我从他们那里学到一种真正的价值,相爱的伙伴关系日久天长。他们根本无法想象没有彼此的感受。他们彼此厮守61载。我父母告诉我,生命的真正价值不是物质而是精神。它们包括信仰和家庭、责任和荣誉、并试图使世界变得更美好。

戈尔的这番讲话是令人愉悦的——体贴、亲近和真诚。但是你能注意到他怎么没有提到他的父亲,老戈尔,曾在美国众议院后来在美国参议院荣誉供职。老戈尔参议员,是一个职业政治家以及小阿尔·戈尔的母亲爱戴的丈夫。年轻的戈尔本可以利用自己得到的这个机会把其政治价值观与他父亲的连接起来,但他没有。这样做会成为党派人物(在一次党派会议上!)并错过一个反省的机会。所以戈尔做了大多数政客所做的:他走了平民路线。

如果政客把影响力延伸到普通选民都困难的话,那么与记者斗智斗勇更是难上加难。论证地看,两个实体截然不同:报纸不断提醒读者,一位政客属于那个党派,他或她与谁结成伉俪,如表2.4所示,新闻报道还有两个特征:(1)它们对活动性非常感兴趣(不断地详细报道谁正在对谁做什么)(2)他们对几乎没有什么实事的事件进行推理(现实性低分)。因此新闻报道是一种解释学的企业,试图在日常事务中找到深层含义。新闻业相信,这篇新闻报道总是有更多的详情,结果,后来的新闻报道使新闻文本变了调。

毫不奇怪,蔑视的火山在政客和媒体之间不断爆发,或许这是1791年12月注定的条一个件,当时《第一条修正案》成为这个国家的法律。有趣的是,这两个机构互相攻击的指控具有本质深刻的哲学性。更令人惊讶的是,这些指控通常在同一个问题上相互抨击,如表2.4所示。

那么,为什么政治听起来是那么回事呢?因为它是必需的。我们这里审阅的宽泛数据跨时间地高度一致,而且大体看时,也很有意义。我们想要我们的政客阳光一些,这是吉米·卡特在1979年学到的一个教训,当时当他宣称这是个国家的隐忧。我们希望我们的政客是亲密的,但不是与白宫的实习生(问问比尔·克林顿)或与尼加拉瓜反政府武装(问问罗纳德·里根)。我们还想要他们公开一些(问问比尔·克林顿),而且他们的嗓音盖过党派的争吵声(再次问罗纳德·里根)。最重要的是,我们想要他们处理每天美国人民面临的非常现实的问题。我们想要他们知道如何检验一个杂货店里的物品(问问乔治·W·布什),想要他们在飓风袭击路易斯安那州时露面（问问布什先生的儿子）。这是可以问任何人的许多问题，但却是美国政客要尽力去履行的义务，由此重复露丝·本尼迪克特向我们所有人说的话："个人的生活历史首先是适应社区里祖祖辈辈传下来的模式和标准。"

表 2.4　互不信任的政客和新闻业

	政客对记者	记者对政客
敌意	"你不得不与新闻媒体对抗。你对抗了，就会引起注意，引起注意了，你就能说教了。"（纽特·金里奇）	"美国的政治行业使电视广播里充满了对国家里几乎每一位从政者的最致命、下流、全面的品质诋毁——然后宣称自己感到困惑的是美国对政客已经失去了信任。"（查尔斯·克劳萨默）
准确性	"我不会说报纸错误地引用了我的话，但有时我想知道如果有一些马修、马克、路加福音和约翰这样的记者，那么今天的基督教会跑哪去了。"（巴里·戈德华特）	"历史是政客用来为其意图辩解的一个工具。"（特德·科佩尔）
透明度	"美国人民有权直接看到总统和听到他的观点，而不是只通过新闻媒体去看他。"（理查德·M.尼克松）	"解析政客一遍又一遍地做同样的事情，一段时间后，就有点单调乏味了。事实每周都在改变，但那种伪装没有改变。"（弗兰克·里奇）
责任	"第一天我脑海里另一个很强的图像是上午我召开的首次新闻发布会——完事以后就发现了我说的一切，我所说的那些话的本质给弄错了。"（威廉·斯克兰顿）	"政客之所以迷人是因为他们编造了这样一种悖论；他们是社会精英，为了公共的利益完成着平庸之辈的工作。"（乔治·维尔）
道德	"有报社来对我说，'我们能谈一谈《问题资产救助计划》吗？'"（南希·佩洛西）	"政客有有限的权力，他们不能不用道德约束自己，又怎能使国家讲道德呢？"（卡尔·托马斯）
礼貌	"我期待与新闻媒体正面交锋以稍稍平衡作为总统的我遇到的那些美好愉快的事。"（吉米·卡特）	"唯一比记者更埋汰政客的人就是其他政客。"（安迪·鲁尼）

达到高度

任何合乎情理的谬误争辩的完整列表包含来自政治的例子。政客们经常使用遁词（"我们应当尽一切努力去……"）和口号式论点（"一个问题、一个解决方案、一个政党……"）。他们以人身攻击谋生（"你不能相信由一个……人授权的立法"）。他们将乞求怜悯（"我们岂敢拒绝……？"）与冠冕堂皇的笼统话（"所有真正的美国人相信……"）以及回避问题实质的话结合起来（"在这点上你可以信任我……"）。找到一个政治文本，你会发现里面充斥了骗人二分法、委婉语和陈词滥调。政治，一个悖理的宝库。

也是情感的宝库。政治需要不断寻找克服差异的方法。政客寻找"回旋余地"，隐喻的是需要在入侵对象（现有法律、舆论、党派政治等）周围滑翔，然后再朝着某个重要的目标飞去。政客使用高水平的现实性来保持自己脚踏实地，然而，地面不是一马平川，所以他们始终要超越，把悲悯和理性结合起来。由此，谬误嘴言。由此，豪言口出。由此，隐喻高航。

对于政客来说，爱国主义术语和宗教指认高分，坚持性低分。塞缪尔·约翰逊可能认为爱国主义是无赖的最后避难所，但约翰逊是一位散文家，而且从来用不着挣钱养家。同样，无神论者和不可知论者可能会谴责波多马克河沿岸遵照的"公民虔诚"，不过，他们这样做，忽略了美国的教会和国家之间的妥协特征。由于国家的这一明显分歧，所以它不能指望持续的共识。将一个社会结构（家庭、聚居地和经济关系）变成一个可行的"公共领域"，一个在一定程度上通过"艰苦"的语言结构可以实现的目标，需要做"公共关系工作"哈贝马斯说。如诺顿指出的那样，"国家有权管辖【其臣民】，前提是它是他们的创始者。"比姆说，一个充满活力的公民社会可以帮助建立社会和政治的紧密关系，但像美国这样一个高度多样性的社会不断地质疑这些关系。要把人们凝聚在一起需要更多的东西，更大的东西。对于一个经常分心的政体来说，需要一套卓越的信念和一种使这些信念生机勃勃的方式。也就是说，它需要修辞。

斯蒂芬·奥尔布里斯在捍卫《宋飞正传》情景喜剧里的"民主展望"时称，这个剧目"提醒我们正是我们共有的恶习而不是我们认可的美德把我们团结在一起的。"这样一个愤世嫉俗的观点在机构政治面前很奏效，一个具有预示要把国家凝聚在一起的情感纽带的事业。这不是容易的工作，因为美国人是一个真正自我矛盾的人——一个务实的人却又在寻找有用的超然。"我自相矛盾吗？"这个国家最伟大的诗人在描绘美国时问道。"很好，那么我自相矛盾，"他答道，因为"我大，我包含杂多异质"。的确，杂多异质，这就是为什么身份政治长期以来用《万能的修辞》在美国发动一场激烈的战役。

从历史上看，对包容性的这种搜索经常导致过度的推理——"一个精选的民族，""山上一座华丽的城市，"所有那一切。罗伯特·贝拉认为，更积极的一面是，这种"民间宗教"还产生了一系列有关国家走向指导信仰。从某种意义上说，美国是建立在一套法典之上，也是建立在一种构建的说辞之上。由于他们众多的不同，美国人一直"担心宗教"，哈特和保利认为"作为一个人来说，他们的担心一直是他们的救赎，甚至是他们的荣耀。"多姆克和科认为，有时他们控制不住自己的宗教狂热，但纵观美国历史可以看到大盛大衰的情形——20世纪50年代的"狂人"需要上帝，而20世纪60年代的嬉皮士就不再需要。吉米·卡特，一个宗教信仰很深的人，作为总统通常绕过宗教问题，而他的继任者罗纳德·里根一直抓住不放。乔治·W·布什很少在白宫招待传教士，而小布什总统定期接见他们。谢尔登·沃林说，在一个多元化社会里，政治必须造成一种"经济的暴力"，然后用修辞来调节市场。

甚至乔治·麦戈文，前传教士，在竞选公职时，也尽力毁掉自己身着教士服的所有现存的照片，体验公民的宗教信仰。1972年10月11日在伊利诺斯州的惠顿学院演讲时，麦戈文呼吁重新审议国家的核心价值。"如果我们要重新掌握自己的真实命运，"麦戈文说，"我们必须从根本上传播我们的道德和精神价值。""这种觉醒,"他继续说,"可以摆脱我们对物质财富的无情追求,因为有的人太多,有的人太少。我们必须审视自己的灵魂以找到走出社会危机的路子。"现在这种令人兴奋东西在美国常见,它利用旧宗教的主题:一个人失落,一个人重生,一个人被上帝抛弃,一个人被上帝接受。自由的福音,新约,一定会治愈我们的创伤,政客们宣称。他们怎么还能把生活在2500座不同城市里的人们召集起来呢?这些城市遍布在大约3000英里的大陆块上,这些人生活在一个从出生儿到顽固守旧的社会主义者的政治万花筒中。这一切由上帝、国家、救赎主宰着。

政治家和记者(以及媒体避免公民宗教的主题)之间"坚持性"分数的显著差异。"坚持性"的得分是通过计算重复单词和短语的使用决定的,从而测量一个文本坚持性主题的程度。高度"坚持性"的段落可以在大学教材、科学报告、法律和会计报表中找到。相比之下,诗歌和小说、戏剧、电视剧涉及的范围广泛,按照自己的迂回曲折路线把我们引入其中,不停地猜测。在这方面,政客和媒体是对立的,前者寻找回旋余地,后者不停地试图捕捉问题(以及政客)。新闻发布会成为那些截然不同的语气的战场日。具有讽刺意味的是,正是奥巴马在椭圆形办公室签署了"新闻自由法案"的当天,他拒绝了新闻媒体的提问。新闻媒体是不能被嘲弄的:

- "奥巴马在冷落白宫记者团"(《美国新闻与世界报道》)
- "毫无疑问:佩林不会与新闻媒体谈话"(《赫芬顿邮报》)
- "沙龙·盎格鲁可能与新闻媒体谈话(在选举日之后)"(《雅虎新闻》)
- "如果希拉里·克林顿继续躲避假设性的问题,她值得你投票吗?"

(《芝加哥论坛报》)

任何随机选择的新闻发布会将揭示"坚持性"分数中的这种冲突。有这样一个实例,2009年7月美国全国广播公司记者查克·托德问了巴拉克·奥巴马这个明确直接的问题:

谢谢你,先生。你刚才谈到了减少医疗保健通货膨胀、降低成本的问题。你能解释你将如何扩大医保覆盖范围吗?这样说公平吗——这项法案将覆盖所有没有保险的4700万美国人或者将有什么重要举措呢——这项法案需要授权还是不需要呢——你的法案可能不会一下子到位吗？如果没有一下子到位，你能说出来还差多远吗——是的，你知道，再增加2000万，我可以签这个法案；再增加1000万，我不能吗？

尽管巴拉克·奥巴马——前法学教授和杰出的辩论家——也不能回答一个直接的问题，但他以最宽泛程度的可能说："我想覆盖每个人。"他接着谈到了单方支付的保险制度，但很快脱离正题去担心"认为自己身体坚不可摧某些人，"他们没有医保，后来"被公共汽车撞了，最后被送到了急诊室。"接着，他点起了名：国会不妥协；保险补贴；困难免税；体制的浪费；短期与长期选项；普通的美国家庭；不报销的保健；初级保健医生的职责；严重的糖尿病患者；营养师的睿智。自始至终，奥巴马的回答是深思熟虑和相当精确的，这点令他荣耀，因为他是公认的善于处理复杂主题（如同总统面对的所有主题）。但是他回答了被问得那个问题了吗？他说了他将如何扩大医疗保健的覆盖范围了吗？他具体阐述了他是否将覆盖所有4700万没有医疗保险的美国人吗？他没有、他没有、他没有。

相比之下，仔细查看新闻文本时，人们很快就找到了支撑它的一些惯例：开放范例；解决问题的说明；善与恶的冲突；如果－但是结构；不祥的结论。在每天晚上美国有线电视新闻网的节目中，安德森·库珀都使用这些公式。2011年日本发生海啸——凭借他的职业——他没能够向上帝挥动他的拳头，但是在日本核电公司的无能中，在日本政府拒绝披露真情中他发现了邪恶，早些时候他发现的同样邪恶就是在美国的新奥尔良，横扫半个世界的卡特里娜飓风袭击了这座城市。

按照这种工作方式，安德森·库珀做着他应该做的事情，使用新闻报道中那些武断的转义语词去探查一个问题的内情。相反，政客不关注一个问题。他们向上看试图扩大对话以便使更多的人觉得于己有关。记者喜欢具体，而政客本能地回避。如同公众的人做公立的事，政客必须以个别换普遍，以全体选民换个人选民。为了做到最佳，政客需要高度。

结论

容纳是一个令人厌恶的术语，一个回避冲突的立竿见影的词。被容纳就是间或得到认可和折中。但是，被容纳很少令人感到兴奋，而且也建立不起来长期的信任。我们容纳别人，这样他们有身在其中的感觉，但我们经常怨恨不得不这样做。让·皮亚杰说，"每次容纳都成为同化作用的材料，但同化总是抵制新的容纳。"那是生活方式吗？"

也许，只有政治如此。为什么已确立的政治闻如其名呢？因为那是必须的。政客发表冗长演说吗？确实如此，他们高的爱国主义和宗教指认的高分就是明显的事实。他们经常不诚实吗？是的，他们很少讨论自己的党派关系或专业同事。他们迎合选民吗？是的，他们频繁的选民指认和常态性高分说明了这一点。他们说话拐弯抹角吗？是的，他们"坚持性"的低分就是证明。他们以自我为中心吗？是的，他们经常谈论自己的狗、猫、孩子、担忧、梦想。

为什么是这些演讲模式？政客的"现实性"分数给出了答案：他们为了生存而做的事情决定了谁会活着，活的怎样；谁会死去，死的多快。政客干预人类事务，而且用特殊的力量这样做（因此自我指认分高）。政客采取行动，而且通过行动改变世界上发生的事情。他们"常态性"高分来源于公益神话和对不可能的理念的证实：一位民选领袖能够改变一个由不同成分构成的泱泱大国。而政客的爱国主义和宗教高分是另一种祷告，一种说话的方式："所有这一切可能超出了我们的力所能及，不过幸运的是，我们能获胜。"你可以蔑视这样的祷告，可除此之外，你还能留下什么呢？

轻蔑政客已经被证明是贯穿美国历史的伟大乐趣。据波斯金称，它是一种破坏性而不激进的方式，一种保持政治机构不受损伤的方式。亨利·亚当斯小说中的主人公，民主，以这样的语气报道了她终于在华盛顿成了内行："我不明白的太多了以至于分不清对与错。这不是从政的第一步吗？"是的，这是因为正确和错误从来就没有真正成为过政治的核心问题。对与错是形而上学的概念，政治很少以其绝对的形式对待它们。相反，是以更好更坏、更多更少、现在然后、快慢等形式来表达。这类事情都是相对的，也是无法比较的，正是这些事情造就了政治本身。正如我们在其他地方所观察到的，"毕竟，政治是一种大的无礼：它侵入不欢迎它的地方，强制实施对抗力量间的妥协。它使隐私公开化，平衡道德与权宜，而且经常宣称半个面包足够了"。

哈里·杜鲁门曾挖苦地说，"我年轻时的选择是要么在青楼里当一名钢琴家，要么当一个政治家。说实话，这几乎没有什么差别"。无疑他是对的。政治本来就有一种柔顺性，一种热切的期望，这使得它不可避免地成为交易型。互惠互利，资金往来，制造紧张局势。但也观察到有一些约束：尊重家规和一定程度的礼貌和谨慎。美国政治闻如其实，因为它必须回应——必然地和不停地——那种令人眼花缭乱的社会多样性。因此，它采用某种语气，这里描述的就是语气。

第三章
党派之争与平衡的语气

政党意味着很多事情：一伙忠实的信徒、一个社会组织、一块吸引政策专家的磁铁、一个合法的金融实体、一支效力的竞选骨干队伍、一群戴着滑稽帽子的人。在美国，政党主要有两个——共和党和民主党——尽管这种独特的两党匹配形式几乎用了100年的时间才固定下来。但是，即便是在这两个党派形成的过程中，许多美国人还不停地在寻找第三或第四个党派，这种探索直至今日（大约四分之一到三分之一的现代美国人认为自己是"独立派"）。多年来，两个主要政党曾分裂出、剔除、然后再吞并各种小派别，这一宗派分裂过程，詹姆斯·麦迪逊总统曾担心，会毁掉他帮助建立起来的这个年轻的共和国。

麦迪逊的忧虑延续至今，茶叶党人就是令人担忧的最新目标。过去的三十年随着党内一致投票的增加和分裂投票的下降，美国的党派之争凸显。结果，在竞选过程中，两党都采取"人员大动员"战略，2004年的总统大选就是一个特别好的例子。从战略上看，这种选民"分类法"有效率，但令人不安，再加上"精英极端化"，现在更难以找到一个可行的中间地带了。更糟糕的是，伍德森说，极端的党派之争使同派选民聚在一起，排斥另一派，人们身上的那种和解本能变得苍白无力。大众传媒的做法又加剧了这个问题:"党统一的选民"所得到的广播广告的时间比没有党派的中间人要多,卡森和他的同事们说。在过去的30年中,莱曼,卡西和霍洛维茨说,民主党和共和党已成为"思想上有凝聚力,组织上高度极化"的党派,一种确实能引起麻烦的糖果。

许多选民担心这些趋势。例如,政治学家马修·莱文达斯基发现"中间人远比两个极端的人多得多,"而其他研究者亦称:过分的党派之争实际上使候选人的吸引力大打折扣。因此,选民对党派的刻板印象相当强烈,认为民主党人"自由和包容,"而共和党人"面向业务和保守"——这些人对自己认识深感不安。布鲁尔和斯通卡什说,两党过去"什么都不代表",而现在又"代表的太多"。由于这两个主要政党的存在或许已有一个世纪,一直都"具有凝聚力和极化性",布鲁尔说,由于意识形态现在正威胁着人们不再以解决问题和自身表现作为判断好坏的依据,由于选民甚至对候选人的性格都抱有党派的期望,所以我们或许终于走到了麦迪逊道路的尽头,在这个地方,每个人都知道他们所能知道的一切。

虽然这些问题很重要,可我们要问的是另一些问题。我们想知道什么听起来是民主党人还是共和党人。起初,答案似乎很明显——倾听他们支持的政策即可。但是,政治是一个微妙的事情。例如,我们知道,阿尔·戈尔和比尔·克林顿都是南方人,同时代的人,新民主党人。这就使他们的演讲听起来一样吗?同样,约翰·肯尼迪和尼克松都是寒冷的勇士,他们共享的时光岁月比他们不同的政治轴线还重要吗?罗纳德·里根是巴里·戈德华特的儿子吗?乔治·W·布什伶牙俐齿巧言善变像其父亲吗?福克斯新闻评论员比我们选出的华盛顿代表更"共和"吗?人能说出"党派语气",一种天生的或后天获得的特性吗?

想想过去60年间那些为总统职位而竞选的不同候选人,想想政治历史的迂回曲折,想想那些宏伟的信仰——新政派,供给学派,里根民主党人,新保守主义者,古自由主义者——现在都毫无生机了,使用民主党人还是共和党人这样的短语还有什么意义吗?如果两党之间有区别的话,那么这些区别能摸得到，听得到吗？如果听到了，它们有影响力吗？"修辞模板"正在不知情的情况下被强加给他们，作为他们的文化教养吗？公民在做政治判断时——有意或无意地——在听这些标志吗？如果是这样，电脑能跟踪这些线索，从而以新的、有趣的方式开放美国的政治历史吗？我们认为，所有这些问题的答案是肯定的。

这些事情怎么可能是真的呢？在《右派讲话》一书中，马克·史密斯指出，修辞"代表了政治的通行，一切重要事情在其中都能通过"。史密斯认为，虽然问题很重要，但修辞提供了灵活性，使得米特·罗姆尼和莎拉·佩林这样不同的政客自称为共和党人。"就像没有完全塑造成形状的黏土那样，"史密斯说，"利益需要援助以获得它们的结构和形式，"以便"支持的联盟规模"能得到扩大。一方面，政党显然必须注意他们支持的事宜，另一方面，他们还必须监视他们所使用的"口音"。同时，虽然精英越来越党派化，但都带有越来越多的独立选民，所以，现在的候选人需要修辞来调解这些差异。吉布森和罗梅勒说，越来越专业化的竞选活动使"市场"比意识形态更重要，当然，这就把修辞推到了场面上。

约翰·麦凯恩在2008年学会了这些经验教训。《纽约时报》的亚当·纳戈尔内说，不知何故，麦凯恩"失去了'快乐勇士'的形象，那是人们很早给他的政治人物角色下的定义"，当时他拼命地连续攻击。纳戈尔内说，"语气很重要，"因为最终"信息传达的是大事但语气是你如何掩盖这个信息。"很好，但这究竟意味着什么呢？像语气这样恶臭的东西怎么竟能决定谁成为自由世界的领袖呢？政治不应该成为更伟大的事情——知识视野、工作表现、人类的价值观、一个国家的核心信念吗？是的，但它还需要一种人类的物理现象给予这些力量所需要的能量去渗透全国的思维定式。它需要的这种物理现象就是词汇。

评估党派语气

测量党派语言至少有两个潜在的方法。一种是归纳法，把大量的语言变量与一组已知的文本对照，然后使用分类归并或因素分析法来测量结果。

我们认为，这种方法虽然常见但与理论太无关了。所以我们采用演绎法，浏览学术文献寻找政党之间主要的哲学差异，识别其可能的语义关联，然后忽略大量的文本词根以看到形成了什么模式。这种方法满足了对任何内容分析方案——字面意义效度——的最重要的测试，这让我们能够以清晰的、现象论的辩解方式下赌注。

但是从哪里开始呢？我们从一句经典的话开始，这句话是有关理查德·韦弗的那本有洞察力的《修辞的道德》书中的事情。书中，韦弗极好地比较了自由派和保守派的思维定式，发现它们深深地融入语言之中。"共和党和民主党都有独特的政治词汇，"韦弗说，"尽管他们的风格是否能在的大众媒体的压力日益增长下或美国选民的意识形态品位正在变化的条件下生存待观察。"一般来说，韦弗说，自由主义者使用来自环境论证，他称之为"所有论点中最接近纯粹的权宜之计。"他们使用"周围存在的事实"去验证他们的观点，从而产生一种非哲学甚至反哲学的说话方式，一种"停留在事实的……水平上"的方式。

例如一位民主党人可能会认为，联邦资金应大量投入新奥尔良，因为它遭到了毁灭性的洪灾以及其文化和饱经沧桑的种族。"为什么是新奥尔良而不是奥马哈呢？"一位共和党人可能会问；"奥马哈也住着好人，多年来龙卷风光顾了这座城市的事实也众所周知。共和党人习惯使用定义论证，韦弗说，抓住某个"理想目标"，将宇宙视为"本体的范例"。他说，这使得他们成了"合情合理的保守派"，因为他们是在宇宙本体而不是在一个偶然发生的宇宙中行事。例如，当民主党人在边上站得不耐烦，准备提供援助时，共和党人可能会问什么原则——什么特例规则——应该指导联邦去援助灾区。他们可能会问，什么固有的品质新奥尔良有而奥马哈在失去呢——地理规模、金融规模、地区中心、社会学意义上的价值？换句话说，环境论点推动一个人行动而定义论点使人反映。当然，反映减缓政府的车轮。民主党人冲动，共和党人思考。这是20世纪中叶查德·韦弗所说的世界。他显然更喜欢后者。

乔治·拉考夫的世界以及其价值体系与韦弗的大相径庭，其党派之争的典范亦如此。拉考夫说，区分民主党与共和党人的不是用智力来论证，而是文化知识"在生理上被编入我们大脑的突触中。"拉考夫这位认知语言学家认为，在与国民对话中，共和党人是一个严父的模型，民主党是慈母的模型。前者强调的是严格的规定、传统的权威、独立自主的精神和道德的品质；后者强调的是关心他人、平等沟通、同理心和实现个人价值。拉考夫说，美国的政治言论就是在这两极之间来回跳跃。因为"新想法从来都不是全新的"，所以一直在选民中反复地灌输。韦弗的模型基于哲学，拉考夫的模型基于心理学，甚至人类学。因此，这更好地解释了选民对党派言论的感受。鉴于拉考夫所说的两党间的紧张关系，美国政治通常是一壶随时都会沸腾的水，这一点不足为奇。

韦弗和拉考夫只是政治党派之争典范中的代表。感谢他们，我们才选定了一种方法，用一个4分示意图表明他们的观点。第一个对立是复辟与改革，把保持现状（或回到往日的辉煌）与政治——社会变革的动因——进行比较。鉴于共和党的层次权力结构和民主党内部固有的多样性，党内存在不同的思维定式这一点不足为奇："共和党人认为自己是局内人，甚至在不执政时；民主党人认为自己是局外人，即使在执政时。"在"复辟与改革"对比模式中，还发现了人们对党派形成的许多其他的固定印象：民主党人倔强，而共和党人信奉第十一条戒律——不互相说坏话。民主党人对"政治的心血来潮"泰然自若而共和党人尽力把秩序的烙印强加在"政治的无秩序上"。民主党人言论失误时，是"寻找真相而不是炫耀真相所致"，民主党人过激时，是"共和党人变得专制，不能容忍歧义所致。"。共和党人对称号感到惬意，民主党人更信任人。共和党人不喜欢新闻媒体，因为它直接表达观点，民主党人不喜欢新闻媒体，因为它维护现存的权力机构。人们嘲笑共和党人，因为他们庸俗；人们嘲笑民主党人，因为他们过分神经质。

第二个对立是共和党人和民主党人的说教。共和党人经常听起来好像发现了（或许撰写了）某本关于"真理"的书。同样，民主党人在告诉人们如何过日子时感到自鸣得意。共和党人是卫道士，民主党人是调停者，所以双方都有"彩色玻璃窗那种哀叹。"麦克亚当斯和他的同事发现保守派强调道德体制以使得"自我纯洁或神圣"，而自由派倾注"道德体制，关心的是伤害和公平。"民主党人攻击政策，共和党人攻击品质。民主党人服从集团意愿，共和党人服从传统的权威。民主党人，作为一个"大帐篷"的实体，专注于政治选区。共和党人愿意成为少数精粹的一员，更倾向于使用恰到好处的事实来证明他们的行动。换句话说，两党在效用与价值的轴线上所选择的点不同，民主党人坚持脚踏实地，共和党人要高空远航。当他们都走得太远时，民主党人往往是由于权宜之计，共和党人由于偏见之争。

第三个是2分法：社区与独立。研究早就表明，共和党人珍视自给自足和自力更生，而民主党人高度赞扬亲社会的和利他主义的措施。民主党信奉分配政治，大多数共和党人无法容忍的解决方案。保守派把贫困归咎于自我放纵和道德标准的缺失，而自由派认为穷人是无能体制的受害者。有趣的是，研究显示保守派经常因道德而不是金融的原因而否定社会规划——"选举人搞的凯迪拉克车福利作弊给他们带来了沸点"。相反，研究表明，民主党的纲领将随着时间从"多数人统治"的论调转移到了"少数人权利"的论调。最终，自由派"扩大了道德共同体的界限"，而保守派则批判不劳而获的行为。

第四个也是最后一个对立是平民主义与国家主义——抽象的政体与选民。起初这似乎是一个学术区别，但它产生的结果完全不同。民主党人强调日常政策——教育、医疗保健、社会保障——而共和党人不介入此事，他们强调国防、外交政策、犯罪与惩治。两党都理解国家身份的含义但他们理解的意思各不相同，民主党人推崇个体差异而共和党人强调美国整体优势。两党还认为自由的概念是最根本的。对于共和党人来说，它是一种类似宗教的观念，而对民主党人来说，它是个人探索的许可证。民主党人宽容生活方式，共和党人宽容大胆的金融行为。民主党人视'人民'为真实的人，共和党人视'国家'为超然的人。考虑到这些差异，两党现在都"拥有"自己关心的一些问题——民主党是移民和选举权，共和党是国防和边境安全。这些差异也产生了修辞的结果：共和党人"讲话如权威发布，不是正常的谈话"，而民主党人的讲话成了"想法玩笑"。

表 3.1　正在使用的党派语气

民主党语气	共和党语气
改革：艰难，运动，时间	复辟：过去，被动，坚持
社区：集体，合作，融洽	独立：自我指认，解放
平民主义：熟悉，选民	民族主义：爱国主义，韧性
效用性：领导人，党派，具体	价值观：宗教，赞扬，激励

表 3.1 显示了"用语"是怎样处理这 4 个对比的。不可否认，我们的方法还不够成熟；我们把各种得分标准化然后用（把常数 3 附加到民主党语气上）的方法加以总结。生成的指数也"非常庞大"，各党的语气有数段和几个部分。这就产生了史密斯所说的党派"论证菜单"，用这个菜单同时解决各个不同的部分。例如共和党人在平和时期强调独立而不是复辟，动荡时期强调价值观和民族主义。这些子部分随时间与党派的言论联系起来，这样做有多种原因：（1）因为新的总统候选人总是给这个游戏带来一些不同的东西（2）因为党内派系突然要求发言权（3）因为两党"吸收"突然变得流行的语篇（4）因为党的纪律有盛有衰（5）因为新成员给党的聚会商议带来了新的偏爱。

我们总的论点是各党使用"同盟词汇"，创建这个党的总体语气。这种元素群设置了参数，即古典修辞学者可能称为的政党的"选择适当题目的论域"——可以在特定的实例中说。个体政客可能把这类词汇时常用到不同的地方，但最终一种可以体会到这个党的说话语气出现了。有时从哲学角度讲，这些混合体不能协调（如有时让共和党人去调和'恢复'和'独立'可能会很难或者让民主党人调和'平民主义'与'效用'可能也很麻烦），但修辞模型仍然可以运行。

以前学者们曾采用计算机计算的方法来研究政党纲领，最早这样做的是维·纳门沃斯和哈罗德·拉斯维尔在20世纪70年代早期，现在学者们采用了更先进的技术继续在做。然而，几乎所有这些研究实际上一直是集中在名词意义上，重点是纲领的表述模式。当然，表述很重要，而且名词表明其存在——通货膨胀、国防、环境。名词告诉我们文本的内容。相反，我们的希望是了解文本是如何形成的，这就需要更多的词性。我们想要查明诸如"党派特点"的情况，就要看形容词。我们想知道关于"意识形态的力量"，那就得在动词结构里找。如果我们对"政治责任"感兴趣——谁对谁做了什么——这样，也就需要谦逊的代词了。

从表3.2中我们看到最近政党纲领看上去是什么情况。当用线性的选择方式列出来后，政党分歧凸现出来。但"用语"程序能勾勒出同样的内容吗？它能跟踪说明是"民主党人"，但又不太像，是"共和党人"却恰到好处所需的细微区别吗？诚然，计算单词数量不能知道我们要了解的有关党派之争的一切。但是这样做可以使我们起步。而且有那么多要知道的东西：独立派真是独立的还是共和党人伪装的？党派之争会像许多人所说的那样随着时间的推移而加剧了还是减少了呢？总统们一进入椭圆办公室上就超越了党派之争了吗？政治广告比竞选演说更具有党派倾向吗？要求候选人参与正式辩论减少其竞选活动的毒性吗？更普通的是，民主党人曾听起来像共和党人，共和党人像民主党人吗？关于党派之争，还有很多要知道的。我们在这里可以寻找一些答案。

表 3.2　2008 年党纲中的语气差别

两级对立	民主党纲领	共和党纲领
改革与复辟	该是变革的时候了。我们会做得更好……如果我们选择变革，就去想象我们能做的吧。美国变得伟大至今还没有完全实现，但是信念是一定能让它变得更好。热爱这个国家的人会改变它的。	从美国成立之日起，它就是人们心中的一个政治和地理意义上的实体，对世界各地无数的人来说，这意味着人类最高愿望的一套理想。共和党从诞生之日起，就一直大胆地提出这些理想，正如我们现在再一次提出的那样。
效用性与价值观	我们会立即向已经失去工作的劳动者、已经失去家园的家庭和已经走投无路的人提供救援。我们会再次在美国投资——投资一流的公共教育、投资基础建设和绿色科技——以便我们的经济能在未来产生好的、高回报的工作岗位。	我们要忠实于《独立宣言》中的第一保证，我们认为所有的人类都有天生的尊严和神圣不可侵犯，我们确认未出生孩子的基本个人权利不容侵犯，我们支持人类对宪法的修正。
社区与独立	几十年来，美国人一直告诉自己用自己的双手为自己而行动起来。民主党人拒绝分裂和失败的方法。今天，我们承诺让我们美国的社区焕然一新，我们认识到解决我们最大挑战的方法只能是植根于公民生活的民间力量和共同点。	分散决策代替官员控制能赋予个人和团体与政府合作来解决社会问题的权力。官僚主义已不再是一个可靠的帮助那些有需要的人的方法。 这样做尤其适合那些宗教组织，【他们更好地处理】如药物滥用和家庭暴力问题。
平民主义与民族主义	这些不仅仅是政策的失败。他们是失败于破碎的政治——一个把我们的政府置于听命势力摆布地的政治。一个为了提供好处和锁住美国人民声音而创建先进制度的政治。	7 年来，2011 年 9 月 11 日的恐怖没有在我们的国土上重演。为此，我们虔诚地感谢在捍卫我们的国土中发挥一份作用的所有人并向他们致敬。我们承诺继续让他们提高警惕并确保他们拥有保卫国家所需要的权力和资源。

绘制党派语气图

尽管民主党和共和党使用的语气在 1948 年至 2008 年之间起伏不定，一些候选人比另一些更有体会，但总体结果是这样的：我们的方法巧妙地把民主党人和共和党人分开了。如果你知道了一个竞选者的党派属性，那么"用语"就能比较准确地预测这个人使用的是民主党语言（民主党—语气），共和党的语言（共和党语气）以及两种语言使用的比例（共和党—民主党语气差异得分）。这些差异在我们竞选演讲的样品中特别强烈，这是一种格式，候选人在其中有相当大的回旋余地。但这对竞选广告和辩论也适用，还有受确立的惯例影响更重的那些种类（即广告必须简短且可视，辩论必须符合新闻媒体的议程安排）。

民主党和共和党语气之间的主要区别之一取决于心理学家J·B·罗特所说的著名的"控制点"理论——一个人是否把自己看作是影响周围世界的一股活跃力量还是认为自己是被影响的对象，某个更大游戏中的一个马前卒。对民主党人来说外部力量通常激发变革的必要性。例如在2008年的竞选中美国总统巴拉克·奥巴马把年轻人说成社会行动的产品而不是制造者。

关于高中毕业率问题，如果我是总统，我们就要努力确保我们重归世界第一。我们将督促孩子学习更加努力，目标更加宏远。我已经与共和党参议员吉姆·德明特一起在制定一项法案，将鼓励高中学生学习大学课程——并确保低收入居住区和农村社区学到这些课程。如果还是总统，我就要让它成为这个国家的法律。我们还要在未来几年中把高中学生学习大学课程或大学预修课程的人数目标设定为百分之五十。因为我相信，如果我们鼓励孩子去成功，他们会的。（奥巴马，2008年9月9日）

候选人奥巴马，曾经的改革者，揭示了一种"行动偏见"。虽然没有确切地把年轻人说得一文不值，他的变化模型从外到内起作用。这肯定不是乔治·W·布什的模型。他认为，重要的东西蕴藏在个体之中，尽管有时候需要某种社会或超自然的力量将这种潜力"招呼"出来。在以下摘录中，布什把青春描绘成潜能的化身，显然拒绝了奥巴马信奉的那种外部的干涉：

你们看到每个孩子都能学习，每个孩子都能学习，这个国家的每个孩子都应该在知识、品质和理想中成长。在我看来，没有什么比有教养的思想和勇敢的心对我们的繁荣和优秀更为重要……。教育是最重要的开始，但是我们必须更进一步。为了创建承诺的社区，我们必须帮助人们建立实现自己梦想的信心和信念。我们必须坚决地得到政府的支持。教育可以帮助年轻人。激励自主可以提高能力……。每天他们都在证明我们最糟糕的问题不是绝望也不是毫无目的。他们每天都在创造复兴的奇迹。（布什，2000年7月10日）

这两个例子，还有成千上万，展示了两党的语言是多么的不同。共和党—语气和民主党—语气随着时间的推移由鼎盛到衰弱，但是它们之间的差异依然存在。有时，共和党人更"进步"一些（如他们的民主党-语气得分在20世纪60年代增加了），但在1984年罗纳德·里根竞选连任时，所有的一切都改变了。对民主党人来说，他们在20世纪60年代里更多地使用了共和党—语气，这或许是当时冷战政治的一种反应，然后在20世纪80年代历史重演，这或许是对里根优势的回应。不过，一般来说，各党都有一种首选语言，而且一直保持这种偏好。的确，我们发现共-民语气得分更低的民主党人（即他们听起来少于"共和党人"）在总统选举中的表现比共—民语气得分更高的共和党人更好，同样，共-民高分的共和党人比低分的共和党人获胜机会更多（即那些带有更多"民主党"语气的人）。换句话说，即使候选人在政策上确定不了立场，但最聪明的候选人也知道在用词上选择哪种语气。

一组相关的调查结果是这样的：在竞选连任时，在任总统使用其党派的语气比本党挑战者用的更多。这种情况适用于民主和共和两党。换句话说，在竞选中，在位总统不仅有金融优势还有可依赖的修辞遗产。或许是因为他们已经成为党的"化身"，所以在位总统更有资格去利用党的最受尊敬的神话。这种效应对共和党来说尤为强烈，可能是因为那个党的结构上的常规现象。评论家指出，相比之下，民主党的竞选活动在过去的几年里变得更加以候选人为中心，越来越依靠当今的候选人的独特目标和人格魅力。这些变化可能已经减少了民主党的语言学科。但总的来说，在任总统比第一次竞选总统的人更忠心于党。因此，每个政党的"品牌"随着时间的推移已经变得相当明显了。

但是这些党派差异没有告诉我们所有我们需要知道的东西。其他学者已经告诉我们，共和党强调道德，民主党强调移情；共和党强调"威胁身份"，民主党强调"团体身份"；民主党强调"结果性推理"，共和党强调"绝对性推理"。有"用语"对这些直觉进行数学上的处理是有帮助的，但更复杂的情景还能隐藏在这些直觉中。

在此，我们认为，对于特定的政客来说，两党的个人语气不如它们之间差异重要。我们进一步认为，文化不只是政治，影响候选人的语气。是文化而不是政治告诉了我们，当共和党政府屈服于民主党政府反之亦然时，为什么欧洲人经常注意不到微妙的语调变化。相反，欧洲人更有可能注意到他们之间的相似之处，美国有特有的讨论公共政策的方式。例如，他们会注意——也可能感到苦恼——找到一个新当选的美国总统巴拉克·奥巴马在对待伊拉克和阿富汗问题上的论调与乔治·W·布什同出一辙。

在看图3.1时，欧洲观察家会漏掉将八边形分成两部分的那条线。但他们会抓住各届政府所说的相同之处。他们会注意到这个国家的领导人通常呼吁按照传统原则改革，敦促公民去完成伟大的工作，但要情操高尚；告诉人们去发家致富，但要像爱自己那样爱邻居。民主党和共和党——不同但相似；相似但不同。这一切怎么能是真的呢？

我们是这样看待这些事情的：

- "民主党"和"共和党"的语气来自根深蒂固、历史渊源的信仰体系；
- 不管他们选择哪个党，所有的美国政客必须在某种程度上使用这些语气，以被视为在文化上是适当的；
- 共和党人必须尊重流行的情绪和不断改善社会的要求；民主党人必须承认这个国家的难以理解的事以及它的命运；
- 因此，理解像米歇尔·巴赫曼这样的特定政治家的关键就是去发现她如何使用这些相互关联的语气，如何混合不同种类的美国词典；
- 大幅偏离民主党—语气或共和党-语气很可能会结局不爽，就如同

1972年乔治·麦戈文不肯成为过度爱国或者2011年纽特·金里奇称众议员保罗·瑞安的医疗保险计划为"右翼社会工程"。

那么在这一章里,我们要特别注意民主党和共和党语气之间的差异,因为这是重要的微妙之处所发挥作用的地方。外行人有时也感觉到了这些差异,如他们指出,哈里·杜鲁门说话的语气如同一个谷仓烧火的人,对于现代人来说听起来"古董"一般——太直率、太实在、太固执——而像比尔·克林顿那样的人听起来明显更圆滑。他们还感觉到在2004年竞选期间约翰·克里似乎漫无目的,几乎与40年前的约翰逊一样不自信。什么给人们留下这样的印象呢?还有,为什么一些观察家指出,罗纳德·里根竞选连任时听起来不同于4年前呢?我们怎么来解释独立派人士竞选公职呢?他们开拓出一种全新的、不受美国文化理解约束的说话方式了吗?

我们发现一个引人注目的有关最近政治历史的画面。诚然,有些数据并不详尽(约4000个政治演讲)但由此产生的画面是赤裸裸的。哈里·杜鲁门,正如你所预料的那样,代表典型的民主党,还有其他传统的自由主义者作陪衬——斯蒂文森、肯尼迪、麦戈文、杜卡基斯。相比之下,典型的共和党人包括布什父子、早期的理查德·尼克松和后来的罗纳德·里根。这里,没有什么使人太惊讶的。但图表还揭示了一些趣味集成,包括一组闹别扭的民主党人——汉弗莱、蒙代尔、戈尔——以及1964受戈德华特挤压的林顿·约翰逊和1980年受里根挤压的吉米·卡特。我们还发现一些"失落"的共和党人——鲍勃·多尔和约翰·麦凯恩——靠近模糊党派的德怀特·艾森豪威尔。

1980年一个古怪的改革论者罗纳德·里根,他建议竞选活动要做与竞选相符的事情:这个观点使里根寻找到了新的选区(即里根的民主党人),逼迫吉米·卡特不得不移向右倾作为回应。但卡特面对的是日益减少的能源供应、伊朗人质和供给经济学派的经济,所以这一战略使他失败。使他遭到双重失败的是他使用了民主党-语气去支持《平等权利修正案》,环境立法和暴利税。

约翰·麦凯恩在 2008 年遭遇了同样的命运。有时，他听起来像一位真正的共和党人——"巴拉克·奥巴马的税收和支出政策只会让事情变得更糟"——但他从来没有对刺耳的独立性和家庭价值观的共和党语言感兴趣。他还时不时地试图回应巴拉克·奥巴马的迷人的改革呼吁，但麦凯恩的声音听起来空洞无物，缺乏具体内容。

我的美国同胞们，华盛顿正在错误的轨道上，如果我们不迅速采取行动，更大的金融危机就会出现在眼前……。但是如果你们给我机会，我要把它纠正过来。当你们投我的票时，用不着希望事情会改变。你们知道事情会改变的，因为我整个职业生涯都在为改变华盛顿而奋斗。我的一生一直在为你们而奋斗。这就是我要当美国总统要做的事情。为你们而奋斗，把政府放在人民一边的后面。

民主党最近几年一个重要的变化就是尽管现在宣布后党派时代为时过早，但克里、克林顿、奥巴马 3 届政府首脑显然做了不同的事情。或许是新实用主义？不管怎样，拉考夫说，这已经为共和党人造就了一个"语言优势"，因为这种语气是以问题为中心，而不是以价值观为基础。但是避免传统的政治主题也能有用，西德尼·米尔基斯说，这时可以使民主党人绕过热点问题。具有比尔·克林顿或巴拉克·奥巴马那样的敏锐政治触觉的候选人尤其能够使用这个特殊的魔法。

但是，约翰·克里 2004 年大部分时间没有在攻击乔治·布什时提供一些鼓舞人心的方案。所以，你肯定要问：任性的民主党人真是看透了这里面的事情还是他们在政治上随波逐流了呢？他们是创造一个意识形态更淡漠的未来的先驱者还是这个党派现在被特殊利益搞得分崩离析制定不出一个连贯的纲领呢？还存在另一种可能：也许民主党的竞选活动正日益受到人格因素的驱使，导致党的历史主题退居幕后让位于候选人。

有趣的是，我们发现无党派人士以 3 象限聚在一起，既不是共和党的语气也不是民主党的。这种方法有优点也有缺点：令人感到虚张声势，一个人靠在房子上的性质，但还是缺乏连贯性，在选民心中产生波动。南希·罗森布拉姆说，无党派人士经常看起来像"一片散沙的大众原子撞击着一个政党系统的结构，"一个隐喻，言外之意是具有高能源，低聚集力。但独立派的修辞也能吸引人。如果共和党人使用"我"这种语篇，民主党人用"我们"，那么独立派就用"你"这种语篇，代表他们自己。罗斯·佩罗特提供了一个恰当的例子：

这不是一个典型的大选之年。两党希望继续像往常一样，忽略实际问题，关注各自的特殊利益。但你大胆地说了出来——你，美国人民，告诉华盛顿成员你们拥有这个国家，你们的工作只完成了一半，如果我们不关照那些未竟的事情，你们所有的伟大工作会付之东流。如果你不向华盛顿表明你要求改变是认真的，那么我们会与又一个4年的政府陷入僵局之中。

虽然告诉茶党的走向还为时过早，但我们（有限的）结果显示他们将成为相当传统的共和党人。对过去20年中的政客进行比较，无党派人士在使用共和党语气上排名最低，在使用民主党语气上排名其次，相反的排名是常见的共和党人、民主党人、茶党成员。在这个意义上，过去三十年中两名竞选过总统的独立派成员确实带来了一些新的东西放到了桌面上。这使他们受到对报道富有色彩的竞选新闻感兴趣的记者青睐，但这也让他们听起来有些陌生。相比之下，传统的民主党人和共和党人分享自己的语言——对方的语言——大多数美国人觉得这样挺好。所以，尽管罗斯·佩罗可能用下列方式使罗纳德·里根声名大噪，尽管乔治·W·布什，或约翰·麦凯恩完全可以这样做，但事实如同奥巴马讲话表明的，美国政治主要是在40码线之间玩的一种游戏：

我认为罗纳德·里根在某种程度上改变了美国的轨迹，而理查德·尼克松没有。里根把我们放在一条根本不同的道路上，因为这个国家已经准备好了。他们感觉到了20世纪60年代和70年代所做的那些过分的事情，政府已经在不断成长，在如何运行方面感觉不到大的责任了。我认为他利用了人们已经有的感觉。这就是我们想要的透明、乐观和一种回归——重新感受丢失的活力和创业。（奥巴马，2008年1月16日）

美国的政治惯例中有一组将有线电视和电台谈话节目"激昂演讲"（由基斯·欧伯曼，雷切尔·麦德，比尔·奥莱利，格伦·贝克和拉什·林博发起）与标准的政治语篇做了比较。结果是惊人的。就同一政治说教，民主党人的共一民语气抽样得分远远高于激昂演讲者的得分；在同一节目中，共和党人与他们的演讲者对比情况也是如此。总之，激昂演讲者比候选人炫耀的多，这也许可以解释为什么许多主流政客会尽可能地避免上有线电视。在竞选演讲场所里赞许的品质——知识踏实渊博、问题界定贴切、参与社区活动——与电视喜欢的品质决然不同：讨论问题磨磨唧唧、口头攻击、过分感情牌、满足自尊。一些观察人士把激昂讲演者形容为"没完没了的自白"，这些人提供了一种晚间"无政府状态的发泄工具"。激昂语言还被说成是"互动的政治表演艺术的胜利"，一种流派，其成员与"滑稽表演中的愚人"一决雌雄。

令人感兴趣的还有，民主党人的共和党－民主党语气差异得分超过了几乎所有的激昂演说者的得分，再次表明对传统政客文化广度的期望。自由派的激昂演讲者（奥尔贝曼和麦多）强调民主党关心的民粹主义和改革问题，很少关心社区或公共设施问题，更不用说民族主义问题。同样，保守的激昂演讲者倾吐他们对独立和恢复（以及民主党的民粹主义和改革）的看法，但尽量避免共和党人的价值观空谈以及民主党人关心的社区的问题。

从政治上讲，激昂讲演者没有文化投资。作为表演者，他们绕过建设国家的需求。格伦·贝克可以"煽情、可以戏剧性、还可以唤起共鸣"，比尔·奥雷利可以用这样的语言"那位有啥说啥，坦白正直的经典美国英雄"———名元帅，也就是说，不是一个小镇的市长。拉什·林博可以把"政治异化和愤怒"编织到"共同政治基础的错觉中"，因为他不必在每月固定的时间与市民讨论下水道问题。简言之，激昂演讲者的修辞与每日政治中出现的语言学形成了鲜明的对比，迈克尔·金最近谈到的一点：

从乔·麦卡锡的滑稽动作开始，一个激进的民粹主义，以爱国的、上帝敬畏的民众的名义谴责自由派精英，几乎取代了早期的保守主义，其特点为维护社会等级、尊重国家权威、反对激烈的言辞以及由此激发的快速社会变革。埃德蒙·伯克和约翰·亚当斯可能为有像安·库尔特和拉什·林博这样的人而感到愉悦，但这些戴着假发的老先生们也会意识到这样的煽动者实际上背弃了他们珍视的哲学传统。

总之，我们发现：（1）民主党人和传统的共和党人有自己的修辞语气（2）他们经常在彼此的领域里剽窃（3）他们通常不同于爱好政治的业余者（无党派人士、茶党人和受欢迎的评论员）。但我们的故事还没完。政治是一个复杂的事，政治语言亦是如此。并不是所有的政客以同样的方式对同一情况做出同样的反应，这些不同是有益的。尽管许多评论家认为他们已经知道了所能知道的政党政治的一切，可我们还能找到惊喜。我们在下一节与你分享其中的一些。

平衡党派语气

当摇滚乐明星鲍勃·盖尔多夫宣称"你不能相信政客。是谁做的政治演讲倒无所谓，反正都是谎话"时，他说错了。盖尔多夫先生本应该这样说：真正的问题，至少在美国，是要告诉的真理太多，这就是为什么美国政客必须在文化上会两种语言。不管他们的政治盟友可能是谁，他们必须调整共和党语气和民主党语气的"公差"以适应手头的任务。起初似乎令人震惊，然后令人匪夷所思，但从根本上讲都是美国人，巴拉克·奥巴马预期在2008年竞选总统时将做出下列两段声明：

现在，经过3年的长时间来回看华盛顿的同一个问题，美国人民已经发出了一个明确的信息，将反恐战争作为一个政治足球的日子已经结束。口号性的政策将不再是这个国家能够通过的一种可接受的辩论形式。任务完成，快速离开，坚持到底，美国人民已经确定所有这些短语在冲突日益致命和混乱面前已经变得毫无意义。（奥巴马，2006年11月20日）

我们不能允许伊朗获得核武器。这将是一个改变地区力量的游戏。不仅会威胁到以色列，我们在该地区最强的盟友和我们在世界上最强的盟友之一，而且还有可能使核武器落入恐怖分子手中。所以这是不可接受的。我将尽一切所需去阻止。我们永远不会放弃军事选择。我们对联合国和维护我们利益的其他任何人不使用否决权这一点是重要的。（奥巴马，2008年10月7日）

如莎士比亚剧作里的埃古，如奥巴马那样的总统候选人，一贯地不一致，因为他们希望领导的那个国家是由众多的妥协折中造就而成——宗教又不太宗教，前瞻又致力于基础的价值，一个民主化的国家又是一个共和国。谁能解决这些复杂的事情又不头晕眼花呢？谁也不能。例如，在美国竞选总统就是使自己致力于24个月的纯粹得头晕眼花。

当从修辞角度看时，美国政党的竞选运动有不同的表象。基于对在每一个选举周期中两个主要候选人之间的语义距离进行一个简单的测量。两个对手之间对立的强度表现出戏剧性的对抗——参与辩论的那些候选人却相隔最远的距离——不足为奇，就是深深铭刻在国民记忆中的竞选活动：杜鲁门短暂的小镇停留，肯尼迪－尼克松的辩论，斯威夫特·柏特思对约翰·克里的折磨。当然，所有的党派竞选的特征是激烈的争论，但有些竞选——如1988年布什－杜卡基斯的对抗——简直就是针尖对麦芒：一个坚定的（如果天真）民主党人对阵一个坚定的（如果被怀疑）共和党人。布什和杜卡基斯都有要解决的战略问题，因此，前者试图做得比里根还要里根，后者出于同样的原因，让自己命中注定地在陆军坦克里叫人拍照。

一个特定的竞选活动的基础可以转向右倾或"左倾"，根据党派的时代而定。例如，罗纳德·里根1980年进入敌方领域让自己听起来有点改革派的味道，而比尔·克林顿在1992年攻击乔治·W·布什毁了经济，据其他大多人的估计，那是"共和党"的一个战略。相比之下，相互交流找到了候选人的共同焦点（例如，1964年约翰逊和戈德华特，1968年汉弗莱和尼克松）。在这些对垒中，候选人讨论同样的问题，使用类似的语言。总体上看，这揭示了一个复杂的政治几何：政党语气的不同使用取决于问题的性质、媒体的议程、候选人的聪明程度。例如，所有总统候选人中最有经验的人——理查德·尼克松——不得不在其3次竞选白宫时处理大量的问题，而且每次竞选都不得不创造出一个新的修辞人物角色。

双语政治这一点要重温第二章里讨论过的文化"声音"。这也许最灵敏地显示出从远处观察共和党和民主党是何等的相似。虽然两党向预期的方向倾斜（共和党人使用共和党语气，民主党人使用民主党语气），但我们还是看到了在他们之间的相同点，在其他的发言人中找不到。有些事情不足为奇：牧师接受共和党语气的历史价值，避免民主党语气的功利主义味道；抗议者采取对立的方式，信服改革派；公有社会的成员采取克制态度，规避在"左倾"政客中才能找到的民族主义诉求。

所有这些没有什么大惊小怪的，但公司发言人特别引起兴趣。他们不关心政治，真的反对政治，几乎完全没有使用两党的口吻。但是除了人民和他们的社区、除了所有晦涩难懂的真理不讨论，还剩什么话题由企业领导人说呢？只有客观而近乎冷漠地和官僚主义地讨论一些道德问题了，就如我们在下面看到的：

幸运的是，现实生活中的企业表现出更严重的道德承诺问题。这种兴趣的标志之一就是向员工下发道德规范的企业数量。我自己的公司这样做了。最近的一项调查发现，超过90%的财富500强企业要求员工订阅一份道德规范。

这些规范规定了一般原则和哲理，也设计了一些具体问题。例如，当五角大楼指控通用动力公司支付欺诈时，该公司把这个陈述加到其规范里："严格禁止将成本转移至不相符的合同上。"

公司承诺的另一个标志是许多公司建立了道德培训项目——甚至部门，包括一些被丑闻震惊的公司。在过去的几年里，我们看到如联合碳化物、波音、麦道、化工银行这样的公司制定教育规划帮助员工解决道德冲突。

表 3.3 党派语气与选举类型的关系

特点\阵营		民主党	共和党
1948 年	候选人	杜鲁门	杜威
	党派语气	坚定的	进步的
	论点校正	强烈左倾	
	戏剧性对抗	无所事事的国会 社会保障 民权 国际经济	
1952 年	候选人	史蒂文森	艾森豪威尔
	党派语气	温和的	温和的
	论点校正	平衡的左倾辩证法	
	戏剧性对抗	共产主义扩张 朝鲜战争 政治腐败 公民自由	
1956 年	候选人	斯蒂文森	艾森豪威尔
	党派语气	坚定的	温和的
	论点校正	平衡的辩证法	
	戏剧性对抗	苏伊士运河 布朗诉托皮卡 核裁军 苏联统治	
1960 年	候选人	肯尼迪	尼克松
	党派语气	坚定的	坚定的
	论点校正	完美的辩证法	
	戏剧性对抗	教会与国家 经济增长 外国援助 民权 古巴与苏联	
1964 年	候选人	约翰逊	戈德华特
	党派语气	保守的	进步的
	论点校正	平衡的辩证法	
	戏剧性对抗	种族隔离 道德领导 城市犯罪 各州权利	

特点 \ 阵营		民主党	共和党
1968 年	候选人	汉弗莱	尼克松
	党派语气	温和的	温和的
	论点校正	左翼倾向	
	戏剧性对抗	越南战争 选举权 法律和秩序 和平抗议者	
1972 年	候选人	麦戈文	尼克松
	党派语气	温和的	温和的
	论点校正	平衡的辩证法	
	戏剧性对抗	反战运动 自由主义 与共产国际缓和 校车制	
1976 年	候选人	卡特	福特
	党派语气	坚定的	温和的
	论点校正	左翼倾向	
	戏剧性对抗	水门事件 通货膨胀 堕胎 失业 能源危机	
1980 年	候选人	卡特	福特
	党派语气	坚定的	任性的
	论点校正	强烈的左倾	
	戏剧性对抗	人质危机 冷战 大政府 节约能源	
1984 年	候选人	蒙代尔	里根
	党派语气	温和的	坚定地
	论点校正	右翼倾向	
	戏剧性对抗	税收增加 民族骄傲 经济复苏 平等权利修正案	

特点 \ 阵营		民主党	共和党
1988年	候选人	杜卡斯基	老布什
	党派语气	坚定的	坚定的
	论点校正	完美的辩证法	
	戏剧性对抗	犯罪 削减赤字 反伊朗丑闻 自由主义 军事戒备	
1992年	候选人	克林顿	老布什
	党派语气	温和的	坚定的
	论点校正	强烈的右倾	
	戏剧性对抗	增加税收 经济 政治丑闻 自由贸易 军事戒备	
1996年	候选人	克林顿	多尔
	党派语气	温和的	温和的
	论点校正	强烈的右倾	
	戏剧性对抗	政治丑闻 医疗保障 供应经济学经济 竞选捐款	
2000年	候选人	戈尔	小布什
	党派语气	温和的	坚定地
	论点校正	右翼倾向	
	戏剧性对抗	社会保障 医疗保障 国家建设 预算盈余 党派之争	
2004年	候选人	凯里	小布什
	党派语气	任性的	坚定地
	论点校正		强烈的右倾
	戏剧性对抗	恐怖主义 伊拉克战争 大规模杀伤性武器 自由贸易 中产阶级减税	

通过对比，这样的文本有助于我们看懂政治；没有政客会这样条文性地讨论道德标准。感觉不到激情，没有道德的确实性。这些讲话内容没有受情绪的影响，没有试图辨出真正的善与恶。相比之下，没有政客这样冷静地或抽象地对待道德问题。相反，他们指望共和党语气得到上帝，指望民主党语气得到正义。有时，他们会同时指望两种语气。

换句话说，可用的政党语气可以给政客提供熟悉的词语，用来对经常敏感的选民讲话。习惯了这些修辞搭配（虽然可能陈腐），选民开始"不愿听"其他的说话风格，这可能说明为什么拉尔夫·纳德和丹尼斯·库希尼奇这样的活动家很难得到民主党中坚人物的认真对待，以及为什么杰里·福尔韦尔和基督教联盟令主流共和党人感到气馁。企业领导人也——这让人想起了史蒂夫·福布斯和罗斯·佩罗——在竞选的活动中摇旗呐喊。共和党—语气/民主党—语气的轴线可能乏味无聊，但它能告诉美国人谁会令人惊慌谁不会。

从文化上讲，政客使用两党语气是明智的，同时也有战略意义。来看看乔治·W·布什的例子，我们看到布什在2000年竞选总统期间使用了足够的共和党语气，4年后在他竞选连任时又增加了使用的程度。小布什在大多数美国人的记忆中是一个能用嘹亮的声音做下面这样号召的人：

对于所有美国人来说，我们走过的这些年将始终与众不同。在一个国家的生命中，有安静的时候，对其领袖没有什么期望。但是现在不是这个时候，现在是需要坚定的决心、明确的愿景、深刻信仰造就我们这个伟大国家的价值的时候。

我们绝不会忘记一个时代结束另一个时代开始的那个星期。2001年9月14日，我站在双子塔的废墟上。这一天我永远都不会忘记。我永远不会忘记那些戴着安全帽以他们最大的声音向我叫喊的声音，"尽一切努力。"我永远不会忘记那位从废墟里走出来的警察或消防队员，他抓住我的手臂，直视我的眼睛，他说，"不要让我失望。"从那一天起——从那一天起，我每天早上醒来都在思考如何更好地保护我们的国家。在保卫美国这点上，

我永远不会心慈手软，不惜代价。（布什，2004年9月17日）

然而，这只是美国第43任总统的一个版本。第七章中我们将看到相当多的布什讲话。因为我们已经建立了一个布什总统演讲的逐日纲要（总共大约2300篇），我们能够非常详细的看看他的党派倾向。可以肯定的是，布什在他执政的八年中做了一些激动人心的报告，在他连任竞选接近时，他变得越来越"共和党人"，然后迅速回到一个更"总统的"方法上。同样有趣的是，他同时使用了民主党语气，这表明为了赢得2004年大选，他使出了浑身解数。

在接下来的文章中，例如，我们发现布什在抨击公司的渎职，甚至他似乎是一个环保主义者，从而向选民显示他欣赏全套的美国政治价值观：

为了确保有一个充满希望的社会，我们必须确保这个经济持续增长。现在，当你在收集选票时，提醒你的朋友和邻居这个经济一直在经历什么。我们一直在衰退。我们一直在经历公司的丑闻——这意味着有些人忘记了对于一个负责任的公民这意味着什么。我们通过了法律，明确我们不会容忍我国董事会的欺骗。【而且】我们需要一个能源计划，以确保工在美国这里有工作。为了确保人们可以找到工作，这个国家必须有一个能源计划。我向国会提交了一个，说我们要鼓励保护，我们将使用乙醇和生物柴油等可再生能源，我们将使用洁净煤技术，我们将使环保技术去探索天然气。（布什，2004年10月21日）

我们这里阐述的论点不是一个政治上的权宜之计——使用任何手段当选——而是那个选举将证明这样时刻的到来，两党的政客必须证明他们可以管理一个复杂而又有分歧的国家。一些人用特殊的创造力来证明自己，如约翰·肯尼迪把民权问题变成了一个道德论点，罗纳德·里根把个人主义与社区服务等同了起来。如同丹尼·海斯所指出的，"候选人最重要的特征他们不会不具备。"因此，从对方党派那里租借而来的修辞就成了他们竞选活动的一个得心应手的修饰语。

不同的选举活动形式也需要党派平衡。这个公式是辩论时说话如一个共和党人,做广告时说话如一个民主党人。这类结果对两党都适用,而且统计结果非常说明问题。鉴于我们对竞选类型的了解,这些调查结果很有意义。竞选辩论是由新闻媒体高度组织的,严格按照议事日程来做,使候选人几乎没有机会去找好运气或去明显的迎合。辩论的是面对面形式以及他们提供的宣传令候选人小心谨慎,这导致了保护主义的姿态——让我们安全,让我们成长,让我们有道德——从而,甚至从非共和党人中造就出了这位共和党人。比尔·克林顿的例子为证:

在多尔参议员离开参议院之前,他和金里奇先生还建议我们通过这些减税方案只限于我们能支付的范围。我们都假定这种减税会是永久性的。但我们必须证明我们可以支付它们。他离开参议院后,我们放弃了这个提议。这就是为什么大多数专家说这种税收计划使赤字出现一个大洞,使利率提高,使经济削弱,还会由于更疲软的经济使减税的所有好处丧失殆尽。这就是我们为什么必须平衡预算,而且我会告诉你们我将如何一件件地兑现我向你们承诺的任何事情。你们应该期望从我们双方那里实现这一点。(克林顿,1996 年 10 月 16 日)

我们已经努力给卡斯特罗政府越来越多的压力以促进更多的开放性和迈向民主。在 1992 年我就任总统之前,国会通过了《古巴民主法案》。我强力实施了这个法案。我们进行了更强硬的禁运……今晚,除了古巴,拉丁美洲、中美洲和加勒比地区的每个国家都是民主国家。如果我们坚定和强大,我们也能说服古巴。(克林顿,1996 年 10 月 6 日)

我最自豪的时刻之一是签署了《宗教自由恢复法案》,这说明政府不得不竭尽全力干预宗教活动……。我支持学校的素质教育项目,无毒品学校项目。我支持给父母一个 V 电视芯片(能阻止过度暴烈或性感电视节目之收看的电脑晶片)安装在他们的电视上。所以,如果他们不希望他们的孩子看不应该看的东西,他们就看不到。(克林顿,1996 年 10 月 16 日)

当然,比尔·克林顿还有一种非同寻常的能力"声称空间超越党派偏见",这一摘录汇集展示了他是如何敏捷熟练八面玲珑的。但这些言论不是他的更不是他的独创。辩论设置本身就创造出了这些言语，辩论中他的对手和性急的新闻记者都在盯着他。问题的复杂性以及重要性促使克林顿动用保守的军械库。

相比之下，竞选广告可以使用更多的修辞。广告词由新闻专业人员而不是候选人杜撰出来的，而且里面定期地掺杂一些流行的情感。语言通常简短、自信和强劲，也十分人性化——候选人和他的妻子，候选人和他的马——奢华的视觉盛宴。这些广告经常在全国的乡镇播放，突出一群仰慕者中的那位候选人。广告显示在电视上，人民的媒介，迎合了选民无法表达却能感觉的需求。无论候选人是谁，广告都赋予了他一种民主党的特质。即便是乔治·W·布什也明白这点：

• 社区：今天许多新的美国人到达。他们既不是共和党人也不是民主党人，但有人亲近它们并赋予希望。（布什，2000年7月20日）

• 改革：美国正在经历一种衰退，教育衰退，我们的孩子正在受到伤害。我们的学生在数学和物理方面排名世界最后……在我们的城市里，大多数四年级的学生不会阅读。（布什，2000年9月26日）

• 公共事业：为兑现我们对老年人的承诺，我们现在必须加强和改善社会保障，否则婴儿潮一代的退休会使它濒临破产。（布什，2000年6月13日）

• 民粹主义：为什么投票给乔治·W·布什？因为他相信家庭。因为他支持教育。因为他知道我们都是美国的新面孔。因为他希望不让一个孩子掉队。因为这是改变的时候了。（布什，2000年9月9日）

所以，这是我们的选定：共和党人在一周的偶数日听起来如民主党人，民主党人在常数日听起来如共和党人。出于各种复杂的原因，美国在结构上已成为一个两院制国家，在修辞上是一个两种语言的国家。美国人想要国家成为这一切：新老兼有；大多数时间是单独的，但适应了可以成为邻居。美国人紧紧抓住某些卓越的价值观，但他们也明白德怀特·艾森豪威尔在宣布"每个人都应该有一个宗教，我不在乎哪一个"时的用意。"美国人不喜欢被告知要做什么，除了正在受到压力时；然后，他们想要昨天的答案，而不是今天的。美国人通常是一个实际的人，但也是高傲的，有时他们在小货车的天线上挂着这个国家最神圣的符号。不管怎样，美国的政客终于明白了所有这些组成部分。结果，他们中的最佳学会了说双方嘴里的话。

结论

一个典型的美国悲剧发生在 2011 年 1 月 8 日，美国国会女议员，亚利桑那州民主党人加布里埃尔·吉福兹和她的一些同伴市民在图森被杰瑞德·李·拉夫那射杀。如所有的悲剧一样，吉福兹遭攻击事件引起了悲伤和自省。像所有的政治悲剧一样，它还引发了愤怒和困惑以及大量的讨论。一种观点认为，吉福兹遭射击事件是美国粗化的政治语篇所引起的，电台谈话节目的煽风点火者以及他们在福克斯新闻频道和微软全国有线广播电视公司节目上的党派表亲。呼吁说"我们已经不能容忍"了，响应是"我们需要更多的文明"。

莎拉·佩林挺身相助，巴拉克·奥巴马紧随其后。佩林宣布一种"血腥的诽谤"已经针对她这类人。她进一步指出只有杰瑞德·李·拉夫那对这起犯罪负有责任。"公共话语和辩论不是危机的迹象，"佩林声称，"而是我们持久力量的象征。这是为什么美国与众不同的一部分。"她总结道，"我们比悲剧之后受到的盲目的指责要强。"（佩林，2011 年）。佩林连续打击右翼诽谤者，而奥巴马则相当个人化："加比睁开了眼睛。加比睁开了眼睛，所以我可以告诉你们她知道我们在这里。"他的嗓音高亢不再平淡乏味，敦促美国人民"期待和反思现在与未来，我们的生活方式并培养我们的人际关系……。我们知道，我们在这个地球上的时间转瞬即逝，重要的不是财富、地位、权力、名声，而是在使别人更好的生活方面我们如何去爱和起到了什么微小的作用"（奥巴马，2011 年 1 月 13 日）。

回报即刻蜂拥而至，头条新闻报道使奥巴马受益颇丰：

- 反差再清楚不过了（www.guardian.co.uk）
- 佩林，以及媒体，为奥巴马创造了空间（www.politico.com）

- 最先想到的：奥巴马重获其 2004 年的发言权（www.msnbc.com）
- 没有指责的文明案例（www.nationalreview.com）
- 奥巴马利用了佩林失去的机会（www.politico.com）
- 奥巴马呼吁团结，佩林带来分裂（www.washingtonpost.com）
- 主祭者的悼词令佩林蒙羞（www.thedailybeast.com）

你可能把这些评估解释为更多的自由媒体偏见的证据，有些数据动摇了这种说法。在她的演讲中，佩林是她平常的共和党人自我，但她的好斗和民粹主义的老调却从内心显露出了民主党人的特征。奥巴马恰恰相反，越来越增加共和党语气，调整民主党语气。结果是，佩林成了暴躁和宗派的形象，而奥巴马成了有政治家风度的人，甚至成了布道士。当然，具有讽刺意味的是，人们都谴责佩林和奥巴马互相窃取对方的身份。然而，这样做，佩林搞砸了，而奥巴马证明了自己是一流的小偷。

当然，盗窃的比喻是完全错误的。奥巴马和佩林正在占用自己与生俱来的多元权力，尽管他比她好。美国一直被竞争对手的话语所吸引，一只手把它向前推，另一只手把它往回拉。吉福兹事件中，巴拉克·奥巴马是更善于既当离合器又做加速器。结果，甚至保守媒体都向他表示敬。所有的人都认为奥巴马比佩林更不"党派"，尽管更准确的说法是，他是过分地党派分子，出色的党派分子。奥巴马将一个可怕的事件变成了一个道德教训，而佩林在为难以辩护的事进行辩护。她没有选好目标，时机又很恶劣。相比之下，奥巴马知道，正如亚里士多德知道的那样，修辞是确定在特定的情况下可以采用的说服方式的一种艺术。在美国，一直有两种方式在做事。政治的艺术性就在于知道如何使用哪个时候。

第四章
现代性与紧迫的语气

巴拉克·奥巴马凭借时间的翅膀猛然升至总统的宝座。2008年他竞选的一切事情非常及时：2007年2月10日，他宣布竞选，离他就任总统整整两年时间；他比其民主党竞争对手们提早很多开始建立竞选组织，而且他在大多数政客还没有听说过什么脸谱网或推特网之前就掌握了这个未经考验的"社交媒体"的交流方式。在大选期间，时间也成了他的女仆：他比竞争对手约翰·麦凯恩更充满活力；2008年7月，他选择了一个完美的时机访问了以色列，巩固了国内犹太人的选票；他竞选活动的"反对诋毁"网站消息灵通富有见地。最后，美国人民没有选择"一个稳定的舵手"而是选择了"变化"。似乎为了感谢时间，奥巴马先生在发表就职演说时使用了105个表示时间的单词。这是他讲话的其中部分：

我们仍然是一个年轻的国家，但是，借用《圣经》的话来说，现在是把幼稚的东西放到一边的时候了。现在是重申我们不灭精神的时候了；是选择我们更为美好历史的时候了；是弘扬世代相传的珍贵财富、高贵理想的时候了：那就是上帝赋予的承诺，人人平等，人人自由，人人都应有追求自己最大幸福的机会。（奥巴马，2009年1月20日）

不是所有的政客都使用表达时间的语言吗？不，他们都使用，但不总是以相同的比例，这就是令我们感兴趣之处。例如，保守派经常参照过去筹划未来，借鉴古人智慧以明方向。另一方面，自由派通常是指目前——紧迫的需求和最

近的丑闻——并使用这种语气打开各种可能性。我们人类活在时间里，时间活在我们身上。我们忍不住谈论时间，为它祈祷，为它担忧。

我们也生活在空间中，也会影响我们如何看待这个世界。当然，表示空间的文字只是岩石、树木，河流、土地。一方面，它对意义持不可知的态度。另一方面，地方充满了意义——童年时代常去的秘密地方，信徒朝圣的圣地，国家战场周边的图标。如许多评论家所说，把地方从政治中拿走就是把政治从政治中拿走。无论我们漫游到什么地方，政治无所不在：芝加哥的少数民族社区，南部地区炸鱼店，初选期间新罕布什尔州的雪地。

乔治·W·布什总统任职期间，使用空间语言远远超过时间语言。如奥巴马那样，布什在第二次就职演说时提到一些有关时间的事情，但他使用的空间术语更多。他谈到美国人的"进步和正义之旅"，谈到生活在"世界最黑暗角落"的那些人。他的隐喻通常是老一套（生活在"一个精选国家"的公民，"前行"的其他人），但他偶尔还在用词上扩展一点，提到"西奈的真相"，"大厦的性格"。布什总统任职的大多时间是对一个地方猛烈攻击（下曼哈顿区），接着又到另一些地方进行猛烈攻击（阿富汗、伊拉克）。对乔治·W·布什来说，空间是一个非常现实的事情：

在这个第二次的聚会上，我们的责任不是由我使用的词语来确定，而是由我们一起经历的历史来确定。半个世纪以来，美国注视着遥远的边界，捍卫了自己的自由。我们已经看到了自己的弱点，已经看到了其最深的来源。只要全世界有酝酿怨恨和暴政的地方——倾向于助长仇恨和借口谋杀的意识形态——暴力就会聚集，破坏力就会繁殖，就会穿过最强防御的边境，造成致命的威胁……。发生过的事件和常识使我们得出一个结论：在我们这块土地上，自由的生存越来越依赖于在其他国家里自由的成功。世界和平的最好希望是把自由扩大到全世界。（布什，2005年1月20日）

本章，我们将探讨空间与时间之间的语气变化。我们的兴趣就从我们随意注意到的事情开始：在过去的六十年间，表示时间的语言——巴拉克·奥巴马的语言——似乎超过了表示空间的语言——乔治·W·布什的语言，许多不同的流派也是这样表现的。并不是所有的这些变化就有大量的统计数据，但这些变化一直出现在政治演讲、候选人广告、竞选辩论和政治新闻报道中。在1948年至2008年之间，我们发现引用地方——城市、国家、大陆——的次数在下降而引用时间——周、月、年的次数在增加。这意味着什么呢？我们为什么要在意呢？

　　我们意识到这些变化是一个更大的文化故事的一部分，它超越了政治，但又扎根于政治。诚然，政客是领袖人物，但他们又是追随者，是具有特殊能力的人，明白自己在历史上的特定时刻。追踪时间与空间的词语可以帮助我们理解他们如何与现代性搏斗，为它付出了多少代价，以及他们是多么心甘情愿地屈服于它的需求。伊丽莎白·古德斯坦说，现代性对居前的事情以及老地方为基础的社会稳定性表示怀疑，因此导致一种"民主化的怀疑"。吉登斯和皮尔森说，在现代，"传统和习俗、信仰和期望"成为具有交叉文化和生活方式的全球化、国际化世界中的"可弯曲和塑造的资源"。这种条件直接关系到谁能被说服去什么的问题。而在早期的年代，"四季的节奏，昼夜的循环以及极端的天气"给人类设置了一个轨道，他们的后代就生活在一个"一年365天，一天24小时的全球经济中"。结果呢？一个永远令人感到兴奋、永远令人感到好奇、但隐约令人感到担心的政体。

　　修辞上讲，现代性向生活在其范围的人提出了两个强有力的选择（1）随波逐流（2）断断续续地抵制。屈服"暴政的时刻，"埃里克森说，使当代的穿越地理学技术变得流行，促进一种更国际化的思维定式；另一方面，它会导致焦虑某种程度的自由漫延，甚至可以增高人的舒张压。另一方面，固守旧的空间地域想象能使人感到受困——或舒适——这是由地域空间为基础的仪式、部落、宗教、亲属关系和占有所决定的。那么，时间思维，空间思维意味着什么呢？这些思维能为国家领导人和他们领导的那些人打开什么可能性呢？

现代性抽样

我们在此追逐这些问题。当我们无意中发现了关于空间与时间的情况时，最初的本能是认为它们是人为造成的，同时研究许多对象而产生的那种随机结果。然而，几件事情使我们不能这样做了：虽然上升和下降并不总是直线的，但时空经常是直线运动，并且在不同的数据集里重复，这说明里面蕴含着某种广泛的文化。这种印象更加深了，因为人们认识到简单地查一下字典结果便一目了然——361个词指时间，364个词指空间。当然，这种计算并没有告诉我们这些术语是如何被使用的，但在我们的方法也有价值。只把词汇用键盘输进去，"用语"就能做人不能做的事情：该程序注重人认识不到的一些现象。这就特别适合那些自发地、到处都用的表达时空的词汇，所以时空词汇是思考和说话的基础不可或缺的。时空词汇的应用强调的是基本存在的力量，据肯尼斯·伯克称，这"刺激"我们去获得更多——迅速取胜、取代对手、提升社会等级。

因此，在专注于时空词汇方面，我们突出地把大事情掩饰为小事情。我们还强调时空力量是人类那么多创造力——科幻小说的时间曲解、宗教对千禧年的关心、公路旅行电影和太空旅行、新闻业的坚决主张：我们保持当代——不可或缺的。由于政治既是一种保护力（如"国土安全"）也是改变的传播媒介（如"一个新的明天"），那么空间与时间永远是要讨论的问题。

因此，本章我们关注两组日常词汇：

空间术语：这些术语指的是地理实体，实际距离和测量方式。其中包括一般地理术语（国外，自由活动场所，局部地区）以及特定的术语（锡兰、科威特、波兰）。还包括政治定义的位置（县、祖国、直辖市），指南针上的方向（东、西南）和地球上的地点（纬度、边境、霜冻地带），以及规模（公里、地图、宽敞的），性质（空闲的、偏僻的、迷失方向的），变化（朝圣、迁移、国境）。

时间术语：这些术语把一个人、想法、或事件定位于一个特定的时间空隙中，从而显示出对过程和衡量的一种关心。字典里有表达时间的文字（世纪、瞬间、上午的中间）以及隐喻的说法（挥之不去、长辈、如今）。还有与时间有关的日历术语（秋天、全年、周末），省略术语（自发、推迟、过渡）和判断术语（过早、过时、准时）。

报道的数据来自第1章中描述的整体数据集:（1）竞选演说段(n=3903)（2）政治辩论段（n=907）（3）政治广告段（n=719）（4）印刷新闻报道段（n=11037）（5）广播片段（n=2370）（6）致编辑的信件（n=8125）。

我们研究报告中的平均段落包含10.2个空间术语，15.3个时间术语。为了提高效率，这些数据进行了标准化（通过z分数），然后转换成一个简单的时间—空间比率，这个比率正常地分布在受到检查的27,231个段落中。实际上，时间—空间比率已成为一位讲演者关注现代性需求的一种简易的衡量方式。高的时空比率给观众的感觉是大事件正在进行，必须做出紧急决策。低比率使他们置于老练的世界中，让他们以更慎重的速度来到现场调查。高比率表明活跃的修辞；低比率表明反思的修辞。

在接下来的几页里，我们报告这些语气怎样分布于不同年代里和各种体裁中，我们寻找政治、文化和修辞的因素来解释这些语气。我们的词汇数量构不成大科学，但它们是被精心收集的而且令人非常感兴趣以致无法忽略。诗人安德鲁·马维尔的哀叹——"如果是我们而不是世界有足够时间的话"——完全有可能捕捉到了人类的处境，同时，这句话还道出了世界政治里一个特别的辛酸事。这是我们下面要说的故事。

时间、空间与政治

近年来，几乎所有的学科都提出了关于时间与空间的学术问题。例如，历史学家安德鲁·格拉夫顿在称年代学和地理学为"历史的双眼"时，利用了文艺复兴的思想，而伯内特提醒我们，十九世纪英国的计时技术使环游世界海航——殖民扩张——成为可能，从而改变了全球的地缘政治格局。几乎同时，时间成了工业化的助手，手表作为一种衡量生产力的方式并给资本主义提供了一个实证的记分牌。经济学家S·B·林德说，这已经在美国产生了一个"掠夺的休闲阶级"，社会学家恩斯特·丹·哈格也报道称，这是不可避免的结果："今天几乎每个人的文化"都成为"昨天几乎没有人拥有的文化。"

文化研究的学生已经检查了所发生的事情，那就是现代通信技术将空间为基础的社会变成了"完全开放"的公共领域，在这里面以地理学为中心的身份，政治学家所沃伦·马格努松称之为"旧空间想象"，让位于全球城市。韦弗说，结果是一个"没有名字的地方"，这导致了"对任何特定地方的独特价值的任何意义进行毁灭性的开发。"他说，这种说法是一种使地方、个人、社区的"细节"不可避免地消失的"语言"。因此，科学家E·O·威尔逊说，"从这个意义上讲，学校正在培养数以百万计的毕业生，而他们不知道自己是哪的人。"

交流学者约翰·哈特利称，大众媒体支持无地方性这种意识："新闻业是国家的口舌……现代的……城市/城邦的集会/论坛的同义语，在漫长而缓慢的衰退之中。""一旦虚拟化"，哈特利说，"一个公民或国家的认同感也成了随身携带的东西，"从而使与一个特定民族国家的联系看起来最好的情况也是离奇古怪的。生活在一个"今天，这令你惊奇，""明天，这是芯片包装器，"的世界里以及一个速度决定一切的世界里，公众被私有化了。所有这一切导致卡特所说的"现在消失法则。"

但是，如果时间是一个恶霸，那么空间也有其需求。在《地方事》一书中，彼得·德雷尔和他的同事谈到了空间政治：排他的分区法规、土地使用浪费、第8项住房凭证、地区管辖辩论、社区犯罪率、城市扩张、城市内部衰落。这样的问题几乎不能回避。他们是多年的顽症，一直存在，因为它们的根基是土地。

从概念上讲，你可以提出充分的理由把空间或时间作为美国政治生活的中心词。因此本章要揭示：时空的转换预示何种政治？那些演员——职业政客、媒体、美国选民——使用哪种语气，为什么？激发他们说话风格的灵感是什么？其影响是什么？为了回答这些问题，我们需要一些数据。

时间的政治

国家的空间和时间词汇正在变化。很清楚，在过去60年中，大众媒体已经越来越沉迷于时间的事情。他们无情地把时间引用到其新闻报道之中，这种趋势几乎是直线的。只有2004年的总统选举才遏制了这一趋势，展示的明确证据是"布什效应"，揭示了一位党派候选人比自1964年巴里·戈德华特以来任何一位总统候选人都更强调空间。如同他们以往所为，大众媒体把其读者保持在时间的边缘上，部分原因是新闻业的规范要求推进式的叙事。通过仔细观察新闻媒体是如何推动一个故事发展的，你就会意识到近年来媒体报道已经变得特别"急切"。例如2008年10月的一篇报纸的报道：

约翰·麦凯恩周一公布了一个新的坚决而据理而争的竞选演说，但是演讲的变化和坚决战斗到11月份的承诺都未能减轻共和党人的担心，他可能很快失去对总统竞选的控制。21天的选举中，人们普遍认为，周三晚上的第三次也是最后一次的总统辩论将是一个关键的机会——也许是最后一个——那位亚利桑那州参议员改变了比赛的进程，似乎强劲地倒向了民主党人巴拉克·奥巴马的方向。

像这样的语言今天看来太浑浊，几乎无法看清。现在，很难想象其他的讲故事方式，我们对那种呼吸急促的现代报道方式实在是太习惯了。在上面的段落中，《洛杉矶时报》作者让我们如醉如痴，因为他们一个竞选点接着一个竞选点地报道。这样快速的语气使读者想知道的更多——更详细、更快、更出乎意外——也把读者吸引住了（或许理论上如此）。

为了想象另一种报道政治的方式，你不得不回到1968年9月那期同样的《洛杉矶时报》上去。即使下面的段落含有事实，也直截了当针对了重要的事情并提供了尼克松竞选的细致入微的解释，但是，其散文在现代人看来太过精雕细琢：

前宾夕法尼亚州州长威廉·H·斯克兰顿星期五在这里说，奉理查德·尼克松之命,他要去欧洲与西方领导人讨论那里的局势。斯克兰顿在斯塔特勒-希尔顿的新闻发布会上说,他将于9月18日离开前往英国、法国、西德、荷兰和比利时。他计划在10月19日回来。她说,他计划会见的领导人名单将在安排完成后公布。

斯克兰顿说,尼克松强烈认为苏联入侵捷克斯洛伐克使得知美国盟友正在想什么变得重要。斯克兰顿说重新评估对世界和平很重要,目的是重振自由世界和加强北约,不仅在军事上,也在经济上,而且在盟友中培养一种团结意识。他说,团结是很重要的,因为只有团结自由世界才能有外交手段与苏联进行真正的缓和谈判。(《洛杉矶时报》1968年9月7日)

现代的眼光有一个对应搭档——现代的听觉——这点只是增加了媒体对时间的关注。当我们分解数据时,我们发现新闻广播更沉迷于时间问题,更少关心空间问题,部分原因是传播媒介有这种能力,这不足为奇。有了电视,我们可以去任何地方,做任何事情,并及时回来看一段商业广告。罗杰·斯塔尔说,"沙漠风暴以来,'直播'已经成为主要的新闻价值,强调的是即时、存在、经历。"直播已经成为我们这个时代通信的典型特征。

我们还发现,政治广告的时-空比率高于演讲或辩论,这一发现与其他研究报告一致。例如,迈卡蒂和哈特维克显示美国的广告宣传,如同美国政治本身,比墨西哥的广告宣传更面向未来。这也适用于电视节目,网络主管们"向其全体人员灌输无情的未来取向,使用常见的促销短语,如"即将到来""就在前面""下一个"。政治广告完全一样,因为它们总是把下一刻说成是更好的一刻。"如果今天的突变令你沮丧,"广告告诉我们,"明天你可以重塑自己。"如果昨天的政策已经毁了,下周的政策一定会解决问题。在很多方面,时间向野心勃勃的政客提供广泛的可能性。

尽管电子媒体专门引用时间,这种语气也越来越吸引党派候选人在竞选过程中使用,几乎是有力和广泛地。这种变化确立于30年前,此后稳步增强,但乔治·W·布什明显例外,他任总统期间陷入了别人的地方里面。布什和奥巴马之间的反差最为明显,奥巴马是"变化型的候选人",其中心图标是一块正在变慢的手表——机会失去了，工作结束了，抵押贷款取消了。很难想象一篇演讲比2008年大选前两天奥巴马在俄亥俄州哥伦布做的那个演讲更扎根于其时刻：

在大约两年前的深冬，我们从伊利诺斯州斯普林菲尔德的旧议会大厦的台阶上开始了这段旅程。那时我们资金不多赞助人也不多，民意调查和权威人士没有给我们太多的机会，我们知道要爬的陡峭。21个月之后，我对美国人民的信仰已经证明是正确的。这就是我们怎样走到今天这步的，如此接近终点——因为有你们：美国人民。这就是我们将如何改变这个国家——有你们的帮助。这就是为什么我们不能慢下来，坐下来，或者在最后的几天里放松一天、一分钟或一秒钟。不是现在。不是在这关键时刻。（奥巴马，2008年11月2日）

奥巴马先生表明政治和时间可以紧密交织在一起的。在一定程度上，这是因为时间比空间更有延展性。非常具有讽刺意味的是，仅两年后，奥巴马先生说的话给自己带来了烦恼。他在美国总统竞选中强调的时间紧迫性仍然驻留在美国，失业率高居9.5%，奥巴马每天都处在解决似乎无法解决的经济压力下。但即使是面对共和党明显复苏的状况，奥巴马还是恪守时间在2010年选举日的2个月前回到了俄亥俄州：

自从我在去年大选的最后几天来到这里以来，发生了很多变化，但是没有改变的是这个国家所面临的选择。这个选择仍然是恐惧与希望；过去与未来。仍然是一个后退和前进之间的选择。这就是这次选举的所在。这就是11月份你们将面临的选择。

我知道人们担心未来。我知道这里还有很多的伤痛。我知道，在困难时期，人们很容易屈服于愤世嫉俗和恐惧；怀疑和分裂——很容易放低眼光无奈地做了其他事情。但这不是我们，俄亥俄州。（奥巴马，2010年9月9日）

正如奥巴马所表示的，时间在语言上是"打开的文本"——其测量单位是精确的（秒、分等），但测量其意义完全是另一回事。这一事实在20世纪早期对日光时间的辩论期间就显得非常戏剧性。当时的一份报纸社论称，"回到由无知的和粗鲁的人掌控时间里能否给美国好公民带来什么益处还有待证明，"。这类讨论很快变成了政治性的，不只是因为人力资源面临挑战（例如农业生产力和城市娱乐区），还因为对现时可以有那么多的不同的解释。同样对记忆的解释就是不确定的。纪念活动，如偷袭珍珠港事件，理查德·芬说，"构成了一种对时光流逝的抗拒，"把政治变成了一个"应急游戏"，什么特别的结果都"无法预料也不可避免。"

从战略上看，时间是政客随手可得的资源，尤其是在更多有形的硬通货如钱、土地、或影响力短缺时。"留给我们行动的时间不多了"这位认真的候选人称，就算国家所有的时钟会突然停止，就算政策和机械时间是一样的。"时间是英语语言中应用最广泛的名词，"芭芭拉·亚当报告称，所以毫不奇怪，它已经成为一种让人普遍焦虑的机器，被政客所用其极——过去时用来纪念和安慰，将来时用于挑战和激励。换句话说，政治永远是不完整的；它永远不会完成其工作，它能把市民的一种渴望"得到基本的时间"，得到一次性永远解决问题的方案，拖得疲惫不堪。

通过对时间的尽力讨论，政客把自己听命于现代性以及更微妙的东西：为时间而焦虑指的就是已经焦虑的人，这是一个世俗的而非宗教的世界观。时间的语言是说给使用最通俗语的人听的——他们生活在当下——但从文化观点上看代价高昂。幸运的是，政治还有另一种语言——空间的语言——也有其诱人之处。

空间的政治

尽管大众媒体报道中置入的紧迫感在过去的 60 年中日益增强，但我们 12 个小城市里的写信者却固执得多。尽管在老布什和克林顿时期人们更关注时间，但写信给当地报纸表示强烈不满的公民大部分是以地点为基础的。这些趋势始终如一，报纸的样本说明了这一点——从马萨诸塞州的福尔河到俄亥俄州的斯普林菲尔德；从路易斯安那州的圣查尔斯到蒙大拿州的比林斯。但是当他们更强调空间而不是时间的同时，他们的用词并不是悠闲从容的。相反语篇的坚强有力来自其地心的强度，来自其紧迫的、公共的语气：

我不完全赞同一些信件的说法：美国众议员吉姆·奥伯斯塔尔在明尼苏达州没有财产也没有在州里付税这件事不是竞选的主要议题，尽管"心随家往。"主要问题是我们明尼苏达州北部的经济，如果你在一个地区没有既得利益，根本不会关心帮助它的事。全美独立企业联盟给巴斯特的5%认可评级和明尼苏达州农业局给他的零评级是主要的问题。工作岗位和企业纷纷离开我们这个地区还有什么奇怪的吗？

我写信是因为投票点设置的方式。从住的地方离法院不到1英里，民主党和共和党人可以在那里一起投票。然而，我想投共和党的票，为了投上我选择的一票我不得不在城里走大约4.5英里。我想知道为什么这个选举这样设置，以前从不这样。我附近有几个地方，我可以投民主党人的票，但没有一个地方比说过的更近来投共和党人的票。我已经投了民主党人的票，但我的心不是那样。我没有时间开那么远的车。

罗杰·埃文斯是第73区州代表的最佳人选。他参与和服务于我们这一地区的很多机构，展示了他对整个社区的尽心尽力。我希望在哥伦布有一个这样的人，能代表他接触到的那些公民：埃文斯是这种领导者，他倾听我们区里人民的需求。

这些公民扎根于特定的城镇，这个事实使他们的论点比政客的更实际一些。我们在这些段落中看到的信心来源于他们在其周围所看到的——在当地肉类市场排队的人们、正在建造的大楼、老朋友的葬礼。作者验证了劳伦斯·卡洪尼的观察，"街坊邻里的经历是公民最基本的经历。"这使得他们对搞不友好阴谋的华盛顿特区进行谴责，即使他们仍然忠于自己的国会议员。因为他们不是环城公路人群的组成部分，所以这些写信的人能抵抗抽象。因此他们的信件听起来有乡土气息，一种确实的标志，这些信件是生活在某个地方的人写的。

现在已有许多人在为以地点为基础的政治进行辩解。亚历山德拉·柯格尔说："社会关系和网络是抵制资本主义的解体和分散的重要形式"因为它们产生了"一种稳定和安全的感觉。"柯格尔说,另一种选择是由"科技游民"组成的社会,对于这些人来说,政治是一个语言企业。但这并不是说"扎根"的那些个人天生就有政治的本质。罗伯特·雷恩认为,大约50年前,以社区为基础的那些人可以产生一个"固定的,"进而"静态"的社会。莱恩断定,具有更国际化世界观的公民拥有一种冒险的感觉,允许他们在"遥远的地方做大事更有意义,"从而让他们以当地人不能做到的各种方式来使"世界多元化"。

但是,认为世界大同主义——其他地方、许多地方、全世界都好——将是极为危险的错误。例如人类历史上的大多数战争都是由试图占领别人领土的那些人造成的……只是因为他们有能力那样做。认为地方的政治是无知或不老练也将是错误的。特别是在痴迷时间的世界里,通常是一个痴迷金钱的世界,支撑社区不被环境退化(人们想到野牛)或被经济低迷毁灭(底特律是唯一的事例)的需求从来没有这么强烈。解决这样的问题需要巨大的智力和一个社会地理的尖端复杂模型。地方对于政治来说非常重要,恰恰因为人们住在那里。

我们样本中的这些写信者似乎特别了解这些问题,而政客却在因为时空需求的竞争而更加争执。20世纪70、80年代的总统候选人集中在整个候选人系列的正中央,从而成为美国最近历史上的过渡人物。相比之下,20世纪50、60年代的政客——直接继承了最近的2次世界大战——使用空间的论点来迎合当地的思想体系和所在位置的价值观。如图4.3所示,甚至最近的总统也把自己置于媒体和人民之间的某个地方。

鉴于时空都有需求的竞争,这种情况也就不足为奇了。但我们还发现许多关于这些趋势的有趣变化:

- 首次竞选者的时空比率明显高于竞选连任的在任总统的。
- 大多数竞选者在大选2周前使用以时间为基础的诉求比在竞选的早期多得多。
- 共和党人使用空间诉求远远高于民主党人。

• 最近的证据亦如此：在2008年大选中巴拉克·奥巴马远比约翰·麦凯恩紧迫的多。

虽然美国政客在过去的30年中使用时间的诉求比空间多，但乔治·W.布什成了一个引人注目的例外，他把自己的连任赌注压在了伊拉克战争上，强调他作为总司令的地位。斯威夫特·伯特斯在这次竞选中也强调了相同的主题，轻而易举地贬低了约翰·克里的竞选资格，尽管他曾在越战中服役。在2004年竞选中布什的几乎任何演讲都解释了为什么他的时—空比率那么低，但在爱荷华州的一个演讲把那种语气显示淋漓尽致：

• 我们反恐战争的首要职责是保护家园。今天早上在白宫我签署了一项强有力的法律，将使我们的国家更加安全。

• 自9月11日，执法人员已阻止了发生在俄亥俄州哥伦布；加利福尼亚州圣地亚哥；俄勒冈州波特兰；华盛顿州西雅图；纽约州布法罗和其他地方，包括新泽西州的恐怖活动，我们逮捕了一个军火商人，据称试图将肩扛式导弹卖给恐怖分子。

• 防止攻击的最好方法是保持对海外敌人的进攻态势。我们正在发动一场全球的战役，从中亚山区到中东沙漠，从非洲之角到菲律宾。（布什，2004年10月18日）

这样的单词连续说出使听众感到震撼。很容易使人感到这些词的原始存在。它们使人感到四面楚歌，感到被包围。它们激发出来的幽闭恐怖症来自大量的地理图像——有外国的，有国内的——每个图像都载有自己的情感。

毫不奇怪，左派反对地点的修辞。基于种族民族主义、封闭社区和隔离住房的诉求会导致一种"建立或加强内外部人之间界限的复兴的浪漫情怀和标识"韦弗说。凯伦·派珀指出，绘制世界地图就是提出一种领土要求，按照这个要求绘制，这样一来，"用来说明建立'白色区'或透明区作为身份构成的殖民理论就成为制图学的组成部分。"派珀说，这里还有令人感到讽刺的事，因为"事实上，是土著人发现了大陆探险者，引导他们找到了食物和水，并与他们共享发现的领土——结果最终的产品，殖民地图，背叛了一切。"

亨利·列斐伏尔提供了另一种观点，认为所有的地方是由人建设的空间（例如，美国人民将葛底斯堡战场变成了墓地，后来又变成了国家圣地），所以它们的权力是一个真正的和合法的政治方程式的一部分。卡洪尼说，撤销场地论的控制是危险的杰出人物统治论。"虽然街坊邻里构不成更大担心的条件，"他继续说，但这是构成开明政体的"一个必要条件"。卡洪尼接着说，这类局部讨论通常比距离讨论更合理，因为它们迫使人们应对他们生活的实际情况。

尽管布什先生在2004年竞选期间大谈其空间言论，他也利用时间语言树立一种关于他的其他议程的紧迫感。像所有的领导人那样，他没有其他选择。他知道放弃空间改用时间是鲁莽的。新的通信技术，博雅林认为，从根本上改变了人们对接近和同时的看法，而且这种情况使他们感到苦恼。拉卡·索米说，同时空间不再给他们提供一个稳定的来源使他们有一个像过去拥有的"某种定居身份"。卡洪尼提出，"时间这个词的霸权是激进的，无论是对左派还是右派，"而地方这个词"从最广泛的和家居的语义上讲是保守的"。人类生存条件以及与现代性的伟大斗争都囊括在其中。

这里的数据报告显示，媒体强调时间，选民强调空间；候选人尊重两者。正是这种"中间性"使政客独具一格。任何其他的路线都会出问题。太多的嘹亮的警告——时间已经不多了——或许令人感到急促。对空间的过分强调，如同布什数据的显示，使主权诱惑的问题摆到了桌面。地方主义还是现代主义？是传统还是现代？美国政客一直在努力解决这些语气的选择问题。不能说"她来自哪里"或"她要去何方"的领导者永远不会在爱荷华州党团会议上获得成功。同样，缺乏对"这个国家的历史法则"或"此刻紧迫需求"有清醒认识的候选人也必将失败。空间还是时间？时间还是空间？美国政治就存在于霍布森的这些选择中。

结论

政客除了空间和时间还谈论很多事情。报纸写了很多其他事情。然而，空间和时间以特殊的方式在美国政治中扮演着角色——每年 7 月 4 日是隆重的国庆日，每 4 年的 1 月 20 日是总统任职期满的日子，美国有线电视新闻网的"突发新闻"警报现在永久地蚀刻在国家的电视屏幕上。因为新技术的开发（社会媒体、即时通信等），时间本身似乎也在加速。由于资本主义的不断需求，单位时间的生产力期望以指数方式增加否则下岗走人。尽管时间是人为的概念，但它在社会事务、商业事务，尤其政治事务中却很少被这样察觉。

空间也提出了自己的挑战。库尔德人居住在 4 个国家里，没有一个是他们选择的国家。爱尔兰共和国里有两个爱尔兰；以色列国里有巴勒斯坦人，在巴勒斯坦境内有以色列人；土著美国人在自己的国土上却觉得像外国人。空间的问题已经引发了上千场冲突，殖民主义和种族霸权亦如此。当然，政治的主要空间问题是它的界限。时间展开无穷无尽，而土地就坐落在那里，局限在大洋之间。结果，随着时间的流逝，民族国家的新生和衰亡，山顶和草原的轮换交替。外层空间提供了更多的可能性——至少是虚构地——但确实有了太空旅游。政治所涉及的事情不仅仅是地方，但它总是和无处不在地与地方打交道。

这里报告的数据引出一些重要的问题。政治精英逐步增强时间机器作用的趋势具有讽刺意味，因为政治变革发生得如此之慢。例如在撰写本文时，许多美国人想知道超越多德-弗兰克法案的金融监管是否会发生，鉴于经济大衰退期间，这个问题的讨论多么令人忧虑。奇怪的是，国会的轮子转得越慢，我们越发想到时间——我们必须今天行动而不是明天。这样的言论是肯尼斯·伯克所说的"不朽的祈祷，"呼唤众神来帮助我们解决无法解决的问题。政治从来就没有足够的时间供使用。

我们需要知道更多关于这样的事情。什么促使时间的修辞发挥作用呢？国内还是国际问题？价值论还是政策问题？谁是政治时间的动因呢？当选的政客？人民本身？我们还必须知道为什么有的时候过去时对我们的政治决定非常重要，有时又毫无关联。我们还应该询问时间的修辞在其他民主国家是否这样流行还是只有美国情有独钟地痴迷。世界也很现代,但现代到什么程度呢?

怎么看待地方的修辞呢?它什么时候是本土主义的标志,什么时候是解放的?新技术——例如卫星电话或万维网——表明了没有围墙的世界出现了吗?新科技提供改进的摆脱部落主义和本族中心主义的体制了吗?在他的其中一个更神秘的时刻,米歇尔·福柯发表看法说,"我们时代的焦虑从根本上与空间相关,毫无疑问比时间有关的多。"他说,人们越来越多地在寻找一个地方,一项在世界范围内变得复杂的任务,以迎合高速消费者和坐飞机上瘾的人。我们研究报告中的这些写信者似乎对这些现代主义的条件做出了回应,所以我们应该询问他们的本能语气将告诉我们什么。他们是绝望地怀旧,渴望有朝一日连锁餐馆和特许经营五金店不受什么限制,还是正需要一种更直接接触人民更有实际内容的政治呢?

当然,这些都不是得失所系的选择。时—空修辞始终存在,不仅如此,还混合进了一些复杂的东西。现代工会的话题是所见到的最好事例。德纳·克劳德巧妙地报道,老的、地区性的工会组织不断地受到国际劳动力大军需求的挑战。同时,与无库存生产有关的这些需求也创造一种推—拉、走—停的动态工作方式,使日常工作更难以标定、规范和货币化。在这样令人眼花缭乱的工作条件下工会领导应该要求什么呢?企业的领导又应该怎样回答呢?

所有语气都有其周期。鉴于目前众所周知的美国国会严重僵局的事例,人们有充分的理由担心投票似乎很快就会过时。当大肆宣传重要的时刻——一位新的候选人,一个革命性的纲领——结果接下来是更为政治的麻木,选民怎样保持信念呢?多久告诉选民他们必须现在就行动不必有什么怀疑呢?如果选民对紧迫的修辞没有什么反应的话,那么还会引进什么样的人类呢?拥有一个有效的媒体系统是一回事。拥有一个实际的或不受约束的选民完全是另一回事。由于这些原因,我们必须继续问自己现在是何时、我们生活在何处。

第五章
机构与自信的语气

卢卡斯和梅德赫斯特最近调查了137位学者，让他们排列出前100名的美国20世纪的演讲。评判演讲依据两个标准——修辞艺术和历史影响——结果并不意外：马丁·路德·金的"我有一个梦想"的演讲被选第一，紧随其后的是约翰·肯尼迪和富兰克林·德拉诺·罗斯福的就职演说，然后是一长串的常客：芭芭拉·乔丹、休伊·郎、道格拉斯·麦克阿瑟将军、马里奥·科莫、马尔科姆·艾克斯、杰西·杰克逊、罗伯特·肯尼迪等。名单上许多在任总统的演讲是在"外地"——罗纳德·里根的"邪恶帝国"演讲在奥兰多，艾森豪威尔的"原子能为和平造福"在纽约市，林登·约翰逊的"伟大社会"在安阿伯市，比尔·克林顿的演讲在俄克拉荷马城纪念爆炸事件。其他总统的大多数演讲在黄金时段在椭圆形办公室做的——约翰·肯尼迪的"古巴导弹危机"，杰拉尔德·福特的"赦免理查德·尼克松"，吉米·卡特宣布"信心危机"，林登·约翰逊宣布"他不会寻求连任"，理查德·尼克松的"入侵柬埔寨"。星期六早上的广播讲话没有一个进入前100的名单。

尽管如此，这些讲演依然存在——而且是大量的。罗纳德·里根，在职业生涯的早期通过无线电广播展示自己，上任后他又回到了从前，1974

年在他离开加州州长一职后，就使用同一种媒介与其保守派支持者保持联系。乔治·W·布什放弃了虔诚地做周末演讲的习惯，但比尔·克林顿在1993年饶有兴趣地恢复了，2001年的乔治·W·布什也是如此。而巴拉克·奥巴马不断创新，不仅在周末无线电广播上做周末演讲，还在网上做并经常伴有视频。奥巴马还以这种形势报告重大新闻，宣布他选择的部分内阁成员以及他的新媒体办公室提出的战略，该办公室负责监督大约170万总统追随者的推特网帖子。

实际上，周末演讲常常被遗忘，但它们的政治架构是有趣的。例如罗纳德·里根经常保持其演讲主题的绝密性以阻止其民主党回复者给予实质性的反驳。不像比尔·克林顿发表相当冗长的讲话，里根先生通常讲话简练，经常在电视演讲开始前还在动手编辑自己的演讲稿。里根不拘礼节的讲话方式在无线电广播中很奏效，汉说，这可能是为什么人们说他的继任者十分呆板，因为4年任期中他只采用了17次里根的方式。比尔·克林顿往往是脱稿侃侃而谈，使注重时间的电台经理发疯，但他能巧妙地加一些新闻报道之外的新鲜材料，从而吸引媒体靠近。乔治·W·布什的策略还有所不同。他严重关注国内问题以触及家庭选民并使用短句和乐观的主题不使听众感到厌烦。

鉴于这样讲话的平淡无奇，为什么保留它呢？我们的论点是，周末演讲揭示了近年来促使美国政治更加成熟的那种基础深厚的制度化。虽然这些演讲的收视率一般，但总统们还是这样做。仅用自我意识能解释他们的放纵吗？如果不能，为什么他的同事公民正在看足球训练或试用一个新的沙坑杆，而总统还得在星期六早上做广播演讲呢？而且为什么与对立派成员一起暴露在享聚光灯下，让他们与他肉搏呢？为什么冒着大量的过分曝光或更糟的大量的曝光不足的风险来做这样的讲演呢？在此，我们认为周末演讲已被证明非常实用，是积极应对现在令所有总统苦恼的制度化的某种力量。从心理上讲，讲演还给总统重获政治势头的一种方法；它们成了总统的修辞戴维营。

制度上的问题

虽然他可能是自由世界的领袖，但美国总统不是无所不能的，这种迹象随处可见。一种现象是群众极化，美国人民更倾向把自己分成对立的政治阵营，这就给他们的首席执行官施加了相当大的压力。雅各布森说，"自认的共和党和民主党人所表达的总统支持率之间不断扩大的差距"表明某些结构性力量目前在公众舆论领域里起作用，众多的党徒参与"心理体操"以支持他们的观点，即使这些观点很明显是假的。这些世俗的态度伴随着精英极化，所以国会的竞争现在愈演愈烈。"没有人能注意不到的，"卡梅隆说，"不寻常的迹象而且令人相当不悦，发生在美国政治里。弹劾克林顿总统、在国会山党派语言夸大其词肆意炫耀、最高法院意见中以责骂的语气表示异议、在媒体政治脱口秀节目上诽谤中伤、在最畅销的政治杂志上脏话假话连篇累牍。这是怎么回事？"

究竟怎么了？研究表明，国会的意识形态分歧现在比过去几百年中的任何时候都大，而且白宫也变得越来越尖锐，医疗保健的政治就是最近的一个例子。一些学者将这种礼让缺乏追溯至1983年，当年国会民主党人是一个异常亲密的团体。"交叉压力的党徒"即个人观点有时与其内部成员不一致的国会议员，在人数上也降低了，这使得总统在达成协议时很难拿掉摇摆不定的国会议员。奇怪的是，美国选民更喜欢有分歧的政府，因为它在某种程度上平衡了权力，哪怕产生僵局。

总统有时会利用这些僵局以便使用其行政权力，但新一届国会经常撤销总统临时提出的解决方案。当然，总统还有选择。他们可以通过赞助自己的政策举措夺回势头，但这往往导致总统和国会之间产生机构的——有时个人的——嫉妒。的确，在巴拉克·奥巴马头4年任职的中期，参议院批准他的司法提名只有62人而当年乔治·W·布什政府是100人。2011年1月，1000多个法官职位空缺。当人们认识到以前司法提名一直是在敷衍地处理时，这些数据就变得更加明显，但现在听证会是一个"主要的过程"。

联邦官僚机构，现在已臃肿到庞大的地步，也约束总统的权力，部分原因是其规模，部分原因在于机构寻求维持自己确立的运行模式。莱特说，联邦官僚机构是"一个不灵便、级层众多的机构，其中最好时应该承担的责任也是分散的，有时总统是最后一个问责的。""1960年，联邦机构有451名高管和总统任命的人，"莱特说，"到1992年有2393名。"白宫本身也壮大了，这迫使总统变得更像一位经理。因此，现在就连选择白宫工作人员都充满了政治（足够的女性？足够的少数民族？），这也得花费总统的可用时间。因此，迈克·麦柯里，比尔·克林顿的前新闻秘书，向新当选的美国总统巴拉克·奥巴马谏言："一个人不能充分代表机构上的总统说话。这个机构太复杂……你必须使新闻机构的信息来源多样化。"

新闻机构随着年代规模变得作用更大更咄咄逼人，一种低调的指标是：按一种流行的估计法算总统的平均声音时间已从43秒减少到9秒。什么已经取代了总统呢？记者本身，在2004年每段电视新闻报道记者的露面时间为38.3秒。帕特森说记者不断地努力"塑造发布新闻的议程"，因此，现在新闻报道的内容高度地相互引用，总统的观点被巧妙地掺入更多的新闻故事。当政客试图重新占据主动时，艾瑟说，记者使用行业诀窍——压缩声音时间、加入抨击语段和记者控制的简讯——以保持他们的独立性。

但这些是相当温和的策略；新闻媒体的能力远不止如此。在一系列重要的研究中，加州大学洛杉矶分校的史蒂文·科雷曼检查了总统新闻发布会中问答序列并发现对总统的遵从一直在下降。政治新闻也成为一种解构式，新闻媒体非常肯定，后台发生的事情比前台发生的事情更为重要。以网络为基础的科技会改变所有这一切，给总统一个机会"越过各种媒体而高翔"，这样他就能"直接向选民讲话"了吗？西门丁格尔说，这是不可能的，因为新闻媒体已经掌握了这种伎俩并增加了对白宫的监测。新闻媒体和总统，现在似乎是相互依存的绝配。

另一个制度变迁对准了周末演讲：总统找到黄金时段的受众变得更难了。拒绝总统演讲的列表很长：（1）1982年10月美国广播公司拒绝把电视节目播放时间让给里根为其经济政策而辩护（2）1988年2月所有3个广播电视网拒绝转播关于尼加拉瓜反政府武装的现场演讲（3）1992年6月这些广播电视网还打破了先例没有转播乔治·W·布什的新闻发布会上，只有哥伦比亚广播公司转播了克林顿1995年4月举行的新闻发布会（4）到了乔治·W·布什上任的时候，这种模式很明显——甚至在2001年11月他谈论恐怖主义或2002年10月谈论伊拉克时都无法保证有全国观众收视的机会（5）2009年9月，广播电视网不情愿地把黄金时段的房地产节目让给了巴拉克·奥巴马转播了一次他罕见的总统新闻发布会。总统占有电视观众的份额在整个20世纪80年代期间骤降。自那时以来，电视播放的房地产只有变得更加昂贵了。

其他机构的演员也同谋反对总统。最高法院的成员经常未能支持任命他们的那些人的意识形态立场，法院不是1次而是3次拒绝布什政府无限期拘留恐怖犯罪嫌疑人的企图。华尔街也可以使总统大发雷霆，在2位总统——乔治·W·布什和巴拉克·奥巴马——痛斥其高风险的衍生品和过高的高管薪酬后，仍未能改革。各种外国演员，包括像英国那样的坚定盟友、像德国那样的可靠盟友、像法国那样的发狂盟友，都曾时不时地令这位美国的首席执行官失望，更不用说像联合国、北约、八国集团那样的笨拙跨国实体，以及美国混乱的盟友网络和中东和北非的敌人。鉴于所有这些结构的不确定性，鉴于美国总统必须打交道的以自我为中心的机构，他又能做什么呢？

鉴于不断困扰白宫的消息泄漏，白宫不再只能用一个声音说话，这使得一些总统把自己隐藏在与其最亲密的顾问圈子里，一个自然但最终不令人满意的解决方案。总统的另一个选择采取多党派的立场，但那只给他换来暂时的歇息。想象一下修辞——尽管称得上艺术女神——能够面对这些根深蒂固的制度力量可能看上去很奇怪，但最近几届的美国总统不怎么认为。他们现在把周末演讲当作一种总统的行动，在找不到其他做事的方法时的一种做事的方式。周末演讲是帮助总统应对的一个自信的手段。我们现在考虑的是为什么和怎么会是这样的呢。

周末的解决方案约书亚·斯卡科敏锐地指出，周末演讲发出一种信号"总统权力无处不在，"总统有权将使用任何形态——广播、电视、视频网站、音乐软件——占用我们的注意力。当然，注意力也就仅此而已。价值肯定也很重要，所以总统也转向民间的各种仪式把其政策关注点与文化习俗衔接起来。权力的维护也需要创新的总统。例如，乔治·W·布什利用签署声明来限制国会的权力，尽管这项立法才刚刚通过。"走地方"也变得越来越普遍，总统前往各地区，不断寻找支持的选民和少有批评的记者。总统有时试图通过发布行政命令使自己占上风，但如果国会随后撤销了他的决定，这会损害总统的信誉。

詹妮弗·西尼尔评论称，"在今天的媒体环境中，普遍性不同于过度曝光。这是一个深思熟虑的策略……。总统职位不再靠每天的一个信息或每年的一个新闻发布会而生存。相反，你必须打开消防水带。"周末演讲应运而生。谢内尔指出，总统一直谨慎地采用新技术，但广播例外。沃伦·哈丁在1921年第一次使用它，甚至"沉默"的卡尔·柯立芝使用它达到了一定效果。著名的是富兰克林·罗斯福在1933年3月12日，他就任第1个任期的总统仅八天的时间，开始了一系列的炉边谈话。大卫·莱夫指出，罗斯福使用这种新媒介达到了这样的效果"写信者从各个方面提到罗斯福：上帝赐予人类的一件礼物，隔壁的一位朋友，一个至高无上的人，一个不以居高临下的口气与公众说话的真爷们。"利姆指出，尽管民间传说使我们得知罗斯福的一席话非常鼓舞人心，但是他的讲话中也经常使用"雄辩和攻击类的词"。

无线电广播讲话一直在持续虽然几乎没有其有效性的直接证据。总统用无线电广播讲演是因为"94%的12岁及以上的美国人仍然每周都在听传统的无线电广播，"另一个调查发现，即便都是新的音频技术，仍有82%的人口"计划将来听传统广播的次数和现在一样多，"这个数字包括"70%的12—17岁的青少年"。尽管视觉媒体已经普及，而无线广播却依然存在呢，因为它保留了我－你这样的人际关系特征。几年前，沃尔特·昂认为，口语表达（不像写作）以特殊的方式接触到我们：它是基于情境的，根植于此时此地；它建立在他人的言论之前，因此把人们团结在一起；它是一个不同人的声音的具体化，因此往往是更好的记忆。

为了更好地理解广播演讲，我们对总统的全部演讲进行了广泛抽样，开始的目标是获得每个总统每年10次广播讲话，这个总数经过部分挑选以便包括来自反对党的一系列直接回应，还为了避免某个演讲主题的过多的采样。结果组成了一个数据库，其中63篇周末演讲是罗纳德·里根的，9篇是乔治·W·布什的，90篇是比尔·克林顿的，95篇是小布什的，10篇是巴拉克·奥巴马的。（考虑到这些总数的差异，我们从统计的总数上拿掉了奥巴马和老布什的演讲，但为了便于说明适当地包含了一些。）剩下的248篇演讲——和其反应——编成了527个总统段落供"用语"分析用，我们估计这是3位在职总统做的所有周末演讲的25%抽样。表5.1还表明了周末演讲发表的不同时期（"总统任期"）和演讲的各种事宜（"专题焦点"），尽管如此，仍然是反复演讲的主题。

当然，这些演讲不是庄严孤立地存在的。他们引起了对立派的直接、即时的反应。为了捕捉这些交流的特点，我们分析了248名回应者的谈话（496个文本段落），其中绝大多数是国会议员（86.1%），其次为州官员（通常是州长）为9.4%。还有几个一般的名人，如作者吉姆·沃利斯，博士珍妮弗·豪斯，畸形儿基金会负责人的讲话，甚至还选择了一些"普通市民"的讲话。虽然只有占总数的3.2%，但他们的讲话常常令人难忘——如巴尔的摩的12岁的格雷姆·弗罗斯特，谈到儿童医疗保险，阿富汗战争老兵艾略特·安德森，谈到伊拉克的内战。党内官员（通常是民主党全国委员会的负责人或共和党全国委员会负责人）回应总统的次数不到1%。所有回应者中只有12.8%是女性，而绝大多数人是在任的众议院或参议院的成员，在州和地方两级，对总统演讲很可能做出回应的女性是男性的2倍。其中包括亚利桑那州州长简·赫尔，她把自己比作巴里·戈德华特；

州参议员莱蒂西亚·万·德普特,她指责她曾认识的前得克萨斯州州长(乔治·W·布什)说他所做的事情跨越了党派界线;来自明尼苏达州的国会候选人帕蒂·韦特林谈到她被绑架的儿子和校园暴力的日益流行。

我们最初的幼稚假定是周末的交流将类似于柏拉图珍视的经典的"辩证法"——观点/相对的观点以及所有的一切。相反,我们发现了诡辩术的传统——企业家为其党派目的搭顺风车到总统的四轮马车上。如表5.1所示,他们中只有一半的人回应总统实际上说的事情,15%的人甚至连总统的名字都一字不提,80%的回应者不理会总统的话题,遵循"现在代表完全不同意义的"蒙提·派森格言。例如,1997年8月7日周六上午,比尔·克林顿总统发表了一篇慷慨激昂的关于农场危机的演讲,于是国会女议员伊利安娜·罗斯-莱赫蒂宁发表了一个有关性犯罪的讲话作为回应。2001年3月24日,乔治·W·布什发表了税收减免的演讲,这启发了参议员拉斯·费恩格德讨论起竞选活动财务监管事宜。时光周而复始,2009年5月25日,巴拉克·奥巴马谈到财政纪律,而参议员拉马尔·亚历山大却敦促建设更多的核电厂。

由此说来,周末演讲是阈限的实体弥合了政策和颁布、教育和推销之间的缺口。汉(2006年)说,演讲保持白宫"成为传播的消息",相反,我们发现的是一个问题的万花筒。埃斯伯—索哈和皮克(2008年)把演讲视为总统试图把其信息小众传播给更为柔韧的观众,但我们发现很多传统的政治活动是在其中完成的。斯卡科所言最为恰当,他称演讲是一本"介导日志"记录着总统对各种变化条件做出的调整。周末演讲与其说是一个独特的倒不如说是一个混合的类型,是总统为了从拥挤和混乱的背景下脱颖而出而使用的一个工具。因此,周末演讲不是一件事,而是很多事情,进一步说,它是放大的政治。

周末公式

周末演讲最重要的是简短,一种在政治领域里罕见的形式。乔治·W·布什平均每周518个字,比尔·克林顿更多一点,880个字。克林顿先生做的许多演讲是面对一个小的现场观众,而罗纳德·里根是耐心地修改稿子做好充分的准备。尽管总统的特点各异,但周末演讲通常非常相似。例如他们通常关注特别事情,议程安排很窄——坚持性高分——有助于记者在缓慢地新闻日发送特别报告(事实上,非新闻日)。高坚持性的演讲体现的就是微妙,相同的主题一遍一遍重复。即使以提纲形式讲,例如罗纳德·里根在1982年犹太新年的演讲一下子就听明白了:

• 在我们历史上每一个关键的转折点,美国人都面临和克服了极大困难,在精神信仰鼓励下更加坚强。

• 乔治·华盛顿在我们争取独立的最黑暗的日子里在福吉谷跪着祈祷。

• 亚伯拉罕·林肯宣誓"这个国家,在上帝庇佑下,一定会有一个新生的自由。"

• 然而,今天我们被告知要保护第一修正案,我们必须抑制祈祷并把神从我们孩子的教室里驱逐出去。

• 该是这个国会【提供】坚定的保证孩子们可以在学校举行自愿祈祷的时候了。

• 今天,我们伟大的宗教信仰中最神圣的一天,我敦促国会成员搁置分歧……

帮助使我们成为重新"在上帝庇佑下的一个国家"。(里根,1982年)总统的回应者比首席执行官更执着,毫不客气或毫不掩饰直抒己见。参议员加里·哈特是怎样回应里根先生虔诚的敦促呢?指责总统的托词,更糟糕的是,指责总统在磨难的时刻抛弃了这个国家。哈特先生在1982年同一个周六上午说:你们完全可以不理睬总统在今天早些时候做的广播讲话。里面没有给你们提供任何东西。没有答案。没有解决方案。没有希望。总统的经济计划失败了,显然他不想谈论这个问题。相反,总统谈到了有组织的学校祈祷事宜。如果你们像我一样,你们有自己的信仰和自己的宗教信仰,但你们担心的是我们的经济状况。另一方面,里根总统显然对我们的经济状况有深深的信念,可他却担心起我们的私人宗教信仰。需要他全部注意力的是我们的经济。因为我们的经济自大萧条以来还从未处于这样一个危险的境地。

"忍忍吧"总统先生说。"不用担心,"里根和他的首席执行官同事回答说,"我们将使用修辞作为一个种应急措施,利用机构的情感资源和它的文化共鸣。"他们使用的公式包括乐观态度和团体语言(共性)。即使在讲严肃的问题时,也就是说,总统以人道和有意的不拘礼节的方式来发表其演讲,这使得演讲听起来顺耳。但谁的演讲也没有比尔·克林顿的更顺耳:

• 1994年2月5日:早上好。今天早上我想跟你们谈谈工作,更多的美国人如何找到新工作和更好的工作,我们如何帮助企业创建这些工作岗位,以及我们如何让我们的人民为工作做好准备。(克林顿,1994年2月5日)

• 1994年4月23日:早上好。今天我很高兴向你们报告,我们正在完成一项美国人民的首要任务:通过一项犯罪法案,该法案将使我们的家、我们的学校、我们的街道更安全。(克林顿,1994年4月23日)

• 1995年7月15日:早上好。我的工作就是让美国为你们努力工作做好服务。我竞选总统是为了恢复所有人实现美国梦的机会,恢复所有人为美国价值承当的责任,为了把美国人民团结成为一个整体。(克林顿,1995年7月15日)

• 1998年3月7日:早上好。我上任以来用我的权力所做的一切都是保护我们的孩子不受伤害。我们已经努力让他们的街道和学校更安全,给他们提供放学后要做的一些积极的事情。(克林顿,1998年3月7日)

• 2000年5月6日;早上好。温暖的天气终于在国家的大多数地区驻足,数百万家庭现在正进行周末野餐和后院烧烤。今天我想和你谈论的是我们在这些聚会中吃的食物以及如何使它们在已经安全的基础上更安全。(克林顿,2000年5月6日)

这些演讲经常带有日历的标记:在夏天的夜晚讨论野餐,劳动节谈工作岗位,圣诞节期间谈世界和平。这些文化标准帮助总统主持国事,使他能利用其继承的制度历史。总统在星期六早上的演讲比在竞选中的演讲更具更投机性（较低的现实性），也减少了取悦选民的个人叙事。通过这样做，他们避免了有利于基本原则的日常细节，使他们的讲话几乎成了一种说教。

周末演讲在确定性上也低于正式的政策演讲。高确定性的讲话包含坚定的指令，包括动词的使用（"这是注定的，我们会胜利"）以及夸大的叙述（"没有人能阻挡我们"）。总统在星期六早上的讲话婉转得多。善谈轶事者的主笔罗纳德·里根使用尤其巧妙的方式使其观点不引人注意。他经常让别人为他说话，这样做时使用几种不同的策略：

• 通过聪明的角色改变：布什副总统要是知道我会这样说，他可能有点尴尬，但他是一个我正要说的那些美国人中的一个。作为太平洋地区一个年轻的战斗机飞行员，在执行一次军事任务时，他的飞机被击落。他险些失去生命。如果你认识第二次世界大战的任何退伍军人，你可能会在8月14日向他们表示感谢。在我们中间有很多英雄，我敢肯定他们想知道我们有多少欣赏他们。（里根1985年8月10日）

• 通过匿名的时事语录：来自加州的一位女士写信给我。"作为一个料理家务的人，"她说，"我负责家庭的购物和预算。我第一个注意到我的美元能购买更多的东西。渐渐地，我发现我可以更顺畅地呼吸。5年中，我第一次觉得太有必要维修一下这个家了。"噢，她的信反映了对我们的国家越来越有信心。（里根1982年11月6日）

• 通过戏剧性的叙述：在这一点上，我想讲一个关于日内瓦峰会的故事。我们的专家认为未来任何会议的时序安排都是一个困难的，微妙的话题，最好留到晚些时候讨论。然而，当我们结束第一次会议后在一起散步时，我对戈尔巴乔夫先生说我有多希望他访问美国。就这样，我邀请了他，他说，"我接受。"后来他告诉我他是多么希望我去看看苏联。就这样，他又邀请了我，我说，"我接受。"事情就是这么简单。（里根，1986年10月4日）

• 通过朴素的旁白：今天我想首先感谢在我9天短暂的住院后给我发康复慰问卡片和写信的所有人。当然，我最喜欢的一些来自年轻人。纽约州霍尔布鲁克的8岁男孩科林·麦克唐纳告诉我,他喜欢我的演讲——除非它们抢占了他最喜欢的电视节目。俄亥俄州坎敦的二年级学生詹妮弗·卡尔令人感动,他画了一幅我躺在床上的画,南希站在我身边,正在喂我一碗——噢,紫色的汤。南希想要的那个食谱。(里根,1987年1月17日)

诚然,罗纳德·里根是一位修辞艺术家,但暂且不论这种艺术,那么总统之间只有细微的差别了。大部分遵循相同的基本脚本,脚本揭示了演讲的基本目的:给总统提供余地,以便能够敏感地回应当前的问题。这些话的语气极具影响力——有时说教性、有时忠告性、有时纪念性。演讲利用几个修辞传统,将君主的声明与大祭司的回忆和预言家的警告融合到了一起。在一个常常使总统沮丧的环境中,演讲让他自由一会。

周末的不对称

星期六早晨总统并不孤单。自1982年4月3日罗纳德·里根发表第一次周末演讲以来,对立面的回应已经成为规范。大多数广播电台转播众议院多数党领袖吉姆·赖特出于对公平原则的担心所做的即刻反证(丹顿,1982年)。从那时起,根据总统演讲的表面话题,就一直事先准备好反证,有时在现场准备。不过,演讲和回应越来越多的时候是在本周早些时候已经录制好的。

这些回应如何与总统说的内容比较呢?这些回应有助于促进古德曼和汤普森倡导的协商民主呢?还是像一些学者警告的那样,它们强调了导致分裂的问题,从而导致更大的政治极化呢?我们能说的就是,这些回应根本起不到什么重要作用的。回应者只是我行我素,选择一个自己喜欢的话题,在很大程度上无视首席执行官所言。这种趋势最近已经变得更加突出,乔治·W·布什的回应者很少让总统涉足自己的地盘。只有13%的人最大限度地涉及演讲内容(高参考值,同一个主题),甚至22%的人从未提及总统或他谈的主题。这些趋势在克林顿时期就已确立,在乔治·W·布什政府期间几乎是直线上升。这些发现重复了约翰·加斯蒂尔挖苦的警告,"选民在选举日前深思熟虑,这样在下次选举之前就不必再深思熟虑了"。

总统的回应者不会有什么作为来抵消这种倾向的。

有几个回应已经具有报道的价值了，但大多数仅仅是在履行职责，在党内元老的敦促下履行义务。有时元老们亲自参与（如奥林·哈奇，约翰·麦凯恩和约翰·博纳），但最近鲜为人知的名人更多地参与进来：佐治亚州的参议员约翰·艾萨克森，华盛顿国会女议员凯茜·麦克莫里斯·罗杰斯和得克萨斯州的国会后座议员凯文·布莱迪。承担这个任务有某种意义（能使你上当地的报纸，有一些电视采访），但主要是一个不赢的任务。原因在此：与回应者相比，总统更乐观，使用更多的个人叙述。结果，总统在这种相遇中占据上风：他们可以使用自己的个人魅力和与选民的持续关系使优势最大化，保证他们所说的大部分内容将会成为周日谈话节目的素材。最重要的是，他们不必对任何具体的事情做出反应。回应者的运气可就糟糕多了。前得克萨斯州州长安·理查兹说，如弗雷德·阿斯泰尔那样，他们必须做总统的所作所为，但如金格尔·姜罗杰斯那样，他们必须穿着高跟鞋反方向地那样做。

但是，回应者正在学习如何跳舞，增加他们在政府内部和政府上下的乐观态度。例如前参议员比尔·布拉德利在1982年10月直接向罗纳德·里根挑战："是的，利率和通货膨胀下降了，但代价是什么呢？企业正在以50年来最快速度下滑。全国30%以上的生产能力闲置。大多数公司已经削减了自己的资本投资预算。这就是正在重建的美国。"另一方面，拉马尔·亚历山大以更乐观向上的姿态反驳奥巴马环保方面是否有问题：

是的，我们共和党人也喜欢可再生能源；我们提出了一种新的曼哈顿计划，像第二次世界大战中，想办法使太阳能发电成本具有竞争力并提高先进生物燃料的价值。但是时至今日，取自太阳、风和地球的可再生电力只占美国电力的大约1.5%。即使翻一番或两番，我们还是用得不多。所以，在我们想要的可再生电力和我们必须有的可靠电力之间存在潜在危险的能源差距。

为了缩小这一差距，共和党人说先从节约和效率开始。例如晚上我们有很多电，我们可以使我们一半的轿车和卡车充上电，在我们睡觉的同时把它们的电源插上，而无须建一个新的电厂。对于这点，共和党人和民主党人都同意。但谈到生产更多的能源时，我们不同意……。我们说找到更多的美国能源，使用更少的能源，找到尽可能干净、尽可能可靠和尽可能低成本的能源。一个起点是再有100个核电站。

周末演讲变得越来越像一场体育比赛而且旧的规则已经改变了。所有参赛者比以前更加狡猾，更愿意尝试不同的政治风格。奥巴马在一场乔治城大学与公爵大学篮球比赛中做体育评论，斯卡科说，无处不在的总统终于成为现实。不过，无休止的回应也是如此，正如我们所看到的，它们之间越来越难以区分。结果，国家缔造者设想的那种直接的政治辩证法正在变得越来越难找到。周末交流变成了奇怪的事情：两双手鼓掌的声音在分开的隔音的房间里。

结论

1982年11月20日当罗纳德·里根第一次发表国际贸易的周末演讲时，开始悲哀地说："是的，正如你们可能听过的新闻报道，美国的问题并不是唯一的。其他国家也面临非常严重的经济困难。事实上，发达国家和发展中国家都已经处于在战后历史上最长的全球经济衰退之中。对我们所有人来说，这是坏消息。"接着，里根先生继续讨论了经济衰退的后果："当其他国家不增长时，他们从我们这里购买的东西就少，所以国内的就业机会就更少了。当我们不增长时，我们从他们那里购买的东西就少，这会削弱他们的经济以及他们从我们购买东西的能力。这是一个恶性循环。"他以这种情绪讲了一阵子，然后讲到最乐观的部分，如："不要让任何人误解我们。我们的目标宏大而富有远见，我们要使用全部力量实现这些目标。我们想办法堵住自由市场这条船上的一些漏洞，进行自由贸易，让它重新沿着繁荣昌盛的方向前进。任何人不应该误解我们使用全部力量和影响力来阻止他人破坏这条船并把我们所有人沉没的决心。"

里根的演讲在乐观态度上的得分按百分算是19，在共性上是20。大约30年后在谈论同一个主题,而且在一个更糟糕的经济环境下,巴拉克·奥巴马以个人叙事开始,显示他掌握了困扰国家的财务困难情况,不过他马上变得充满勇气,这样他的乐观态度得分是50,共性得分是82。奥巴马先生说:

在过去的一个月里,我一直在这个国家的各个地方旅行,与美国人谈论我们如何对世界的其他国家进行教育、创新和建设。这样做将需要政府量入为出,削减我们能够节省的任何开支。但它还将需要对我们的国家的未来进行投资……。在美国各地的城市和城镇,我已经看到了这些投资的效益。俄勒冈州的学校和学院在为英特尔——该州最大的私营企业——提供源源不断的受过高等教育的工人和工程师。巴尔的摩附近的帕克威尔中学,工程学是最受欢迎的学科,由于杰出的教师在激励学生专注于他们的数学和科学技能。

在威斯康星州,一家名为猎户星座的公司使数百人有了工作,他们在一个曾经关闭的工厂里制造节能灯。位于在密歇根州上半岛的马奎特小社区,广泛使用高速互联网,使学生和企业家能够与全球经济接轨。一个名叫盖茨的小型企业,第三代家族服装店,在网上销售其产品,这帮助他们增加了一倍的员工,使他们成为最近公布的美国5000家增长最快的公司之一。(奥巴马,2011年2月26日)

在这些段落中,里根和奥巴马总统描述了周末演讲的走势情况。奥巴马从第4句开始他的乐观行程,而里根始终唱着忧郁布鲁斯歌曲,结果充其量可以被描述为一个忧郁的结论,他想象国际的船"把我们都沉没了。"

为什么这些年有这些变化呢?我们现在是一个更不稳定的国家,无法聆听尖锐的经济报告,时刻想把我们的注意力转到别处去吗?我们现在沉迷于一个和颜悦色的总统,有安慰没有挑战,有说教没有分析,有转移没有领导吗?可以肯定的是,周末演讲帮助总统销售他的产品;它已经变成一种政治上的电视购物广告。总统的回应者已经接受了他的暗示,他们一起组成了独立的公关合资企业,这种结合不是因为主题或目的的一致只是因为他们的同时性。

周末演讲还会继续吗？一些观察家表示怀疑，因为现在转播总统演讲的电台寥寥无几。此外，尽管这些演讲可以帮助新闻媒体的议程设置（星期天早上，无论如何），但他们似乎无法可靠地向总统的方向转变态度。考虑到这一切，演讲也许会被完全取消，虽然我们猜想不会。周末演讲是总统一职的具体体现，是首席执行官以自选态度陈述其对当前问题主张的一种方式。如同总统职务本身，周末演讲在内容实质和方法论上已存在于多年，而且很可能继续下去。当华盛顿一事无成时，这些小演讲是总统每周做点事的一种方式，是其在同一时间一会前行一会后退的方式。在政治生活中，这种情况常常被认为是进步。

周末演讲在控制华盛顿特区的制度化力量上开了一个窗口。这些力量以及其产生的钙化作用目前是很多美国人的一个主要影响因素。即使是片刻的非议也能在机构中找到慰藉。例如目前世界上很多人都希望埃及人将在"阿拉伯之春"第一次听到的流行意愿制度化，而另一些人则希望巴勒斯坦人会找到某种——任何一种——永久的结构。在利比亚，挑战是在不拆除所有机构的条件下拆除那些独裁的机构；在巴基斯坦，挑战是保持军队参与但不是全部参与。在世界的许多地方，人们祈求制度的建立。根据这些条件，民主的僵局似乎不是那么悲惨的事。

根据这些条件，周末演讲似乎是，在其他事情做不来时，一个可以接受的做事方式。最终，周末演讲，一个议程设定工具，是让选民注意新政策的选择或注意那些早已遗忘的可能性的一种方法。也是保持精神振奋并集结军队但不关闭与自己对手和解途径的一种方式。制度上的政治是一个复杂的东西，所以修辞往往是政治的修饰语。

第三部分
个人的力量

第六章
丑闻与弹性的语气

在未来，关于威廉·杰斐逊·克林顿政府人们最常讲的故事可能就是弹劾。但哪个弹劾故事呢？有几个可以当故事讲：唯我独尊的傲慢；性侵犯；权力的神秘感；纯真扭曲；一大批右翼；爱管闲事的国会；色情新闻业；宪法危机；一个没有止境的人。这里，我们又添加一个弹劾的故事章节，我们认为对比尔·克林顿在这场危机中的修辞技巧没有给予足够的重视，技巧使他成功治理国家整整8年。为这样的人才鼓掌并不是证明他的轻率之举是正确的，不过它确实让他的故事变得更加复杂。克林顿的丰富故事恰恰存在于这些复杂性之中。

这一章论述的是克林顿执政期间一段短暂但关键的时刻。通过检查这位总统对弹劾指控的回应，我们发现了某些语言特性，在很多美国人看来，这维持了他的合法性（他们中的60%—70%，最大程度衡量）。与经常描画的四面楚歌的总统躲藏在宾夕法尼亚大街1600号的情景相反，我们描述的是一个积极地证明自己有理的人，而且从未失去与美国人民联系的能力。结果总统一职保住了——无论好歹。

克林顿的奇迹

尽管对艾尔·戈尔和乔治·W·布什之间的2000年竞选事宜还有许

多争论，但在那场竞争结束后有一件事是清楚的：比尔·克林顿仍然是美国最受欢迎的政治家，而且随着小布什政府一天天得到人民的理解，克林顿变得更受欢迎了。很少有美国人尊重克林顿先生的道德，大多数想要一个更严厉的那种人取代他的总统位置。但是如果宪法允许这个第42位总统继续再任一届的话，他还会竞选。为什么呢？为什么这么一个多次拈花惹草，又承认作伪证的人竟有这样的声望和政治力量呢？是因为选民已丧失了道德底线，还是因为道指在12000点附近徘徊时没有选民能在买得起道德指南针呢？是因为这位总统的国内和国际的行动方案实施地特别好，还是因为他用在莫尼卡·莱温斯基和詹妮弗身上的诱惑也在美国人民的身上奏效了呢？是因为国会共和党人当时无能，因为战争的威胁很低，还是因为美国人民已经不再关心政治了呢？

即使是像特伦特·洛特那样经验丰富的政客也不能解释克林顿是怎样安然无恙地从莱温斯基丑闻中走了出来。洛特告诉戈姆雷，法律学者最详细地记述了整个事件，"在我的职业生涯中只有几件政治事情至今我仍然无法理解。事实是在整个事情中美国人民显然继续支持克林顿，知道他做了什么，知道他说了什么，知道他把总统的身份降到了何种地步。"洛特的困惑非常深刻以至于他觉得必须加上一句，"我仍然认为历史需要尽力解释为什么美国人认为这一切都是无所谓。这只是纯粹的克林顿的人格魅力吗？这只是他们认为共和党人太无能了吗？我不得而知。"

还没有人知道这些问题的答案，但毫无疑问，莱温斯基事件的大灾难竟然对比尔·克林顿毫发无损。的确，正如政治学家阿瑟·米勒所指出的，"三分之二的人觉得克林顿在这件事上某些时候是撒了谎的，"然而，"在1998年间，与几乎所有媒体评论员、政治评论家、共和党领袖的反复预测的结果相反，克林顿的表现支持率在每次新的丑闻披露后反而上升。"即使在莱温斯基事件期间克林顿做的一次早些时候的演讲之后（当时很多人已经很清楚他有很多绯闻），民意调查显示，克林顿的演讲后的表现支持率是73%。

事实上，克林顿承受莫尼卡门事件详细审查的能力可能实际上加强了总统的职位，因为这种能力使这位总统有"权力维护行政特权进行更广泛的通信，包括与第一夫人以及高级顾问中成员的通信……最重要的是，克林顿无罪开释将恢复总统弹劾豁免权，除非在恶名昭彰的情况下"。

怎么会这样呢？6种解释颇为流行：

1. 选民的心理。有人说现代选民，生活一个在专业化和差异化的时代，在仅仅是"性丑闻"与造成"重要政治后果"的事件之间做了鲜明的对照。这些划分的模式又被媒体的评述助长了，它们称两性关系只是搔痒问题，用不着实质性的讨论。心理学家约翰·高德纳表示，克林顿本人可能已经使选民有了这样的感觉："如果克林顿被这场危机弄得心烦意乱，这本是可以理解的，结果正相反，克林顿对总统一职的重视程度似乎增加了。"

2. 选民的道德。在一个后现代伦理的时代，不再坚持基本教育论的道德观念，克林顿传奇并不是增添了什么重要的东西。在这样一个时代，斯塔基和韦伯塞尔说，不再需要总统的英雄主义了，"因为没有纯粹的'邪恶'……我们不需要总统代表纯粹的好。"结果，"把总统定义为一个明确的道德领袖显然失去了太多的说服力。"事实上，正如帕里-贾尔斯和帕里-贾尔斯指出的，克林顿的模糊道德可能很适合他，因为他"体现了对政治的真实性——美国20世纪后期大部时间的特征——的许多挑战。"

3. 政治上的结果。政治学家约翰·佐莱尔说，强调对这件事的心理学，使得对莫尼卡门事件的分析变得太微妙太敏感了。佐莱尔说，不是人们对比尔·克林顿的品质的赞赏使他先受到支持然后他的支持率得到提升"而是"公众对产生的结果和对他们想要的政策做出的反应。"佐莱尔说，原始的，单凭经验获得的成功为像比尔·克林顿那样胆敢向道德挑战的领袖提供了理想的政治庇护。卡罗尔·席尔瓦和她的合作者对佐莱尔的假说最近进行的重新评估中还发现是"经济因素以及间接的较高支持率使这位总统幸免。"

4.政治上的紧迫要求。根据这一概念,克林顿弹劾一事只是党派戏剧,旨在增加共和党人的选举机会。不是选举年的1998年过后,也就是说,需要给予致命一击的敌意只是平息了下来。"选举人需要考虑的事情,"拉努埃和埃默特称,"很明显对1998年10月投票决定举行弹劾听证会的影响大于2个月以后实际弹劾的投票。"克林顿有特殊的本事将共和党的议程据为己有,克莱恩指出:"克林顿的政治雌雄同体性极为可恶令其对手瘫痪。"由于对手能够得到的其他机会很少,所以共和党人追逐这位总统的个人品质。这个理论认为,如果没有非大选年,克林顿会一直处在相当大的个人尴尬境地。

5.媒体的反应性。现在许多美国人辱骂大众媒体超过了他们不喜欢自己选出的领导人。像福克斯的比尔·奥雷利和美国全国广播公司的克里斯·马修斯这样的评论对克林顿接二连三的抨击令选民感到惊恐,所以可能本能地站在了克林顿一边。"鉴于公众最终开始怀疑媒体的可信度和公正性,"米勒说,"媒体报道的潜在影响降低了。"罗伯特·巴斯比总结称,克林顿是得益于新闻机构,"他们似乎已经认为自己不受司空见惯的政治相互作用的影响——如众议院的共和党人试图做的那样——的确他们似乎无视公众的意见。"

6.比较的优势性。毫无疑问,克林顿先生的对手拿着冒火的枪向他冲来。但他们很有可能完全过高地估计了自己的力量,一再要求全面的弹劾,而且当时福克斯的新闻以及7月24日的尴尬活动可能已经造成了足够的伤害了。从战略上看,克莱因说,克林顿的对手被血腥的欲望和虚伪蒙住了双眼,这倒使总统在对比下常常令人感到值得怜悯。的确,格哈特说,国会共和党人的操之过急、用力过猛和不遗余力倒有可能实际巩固了总统职位的体制。格哈特认为,通过此事,甚至严酷的党徒未来在试图弹劾主要存在个人缺点和/或道德缺陷方面的首席执行官之前都会三思而后行。

上述每个解释都有真理的成分,但每个都有一个致命的缺陷:他们都假定：一个呆滞的总统，在弹劾期间，只是潮汐上的飘流物。我们认为，像这些不起作用的理论对于解释像比尔·克林顿那样的人来说是过于决定性了。我们还认为，人们必须注意克林顿本人在莫尼卡门事件中的所为。因为善用语言在媒体时代非常重要。我们这里的重点是克林顿先生在1998年8月17日和1999年2月12日间所做的一系列重要表述，这会解释他是怎样保持总统职位高枕无忧。

研究克林顿危机

文本分析可以在2个层面上进行，显化层面（即演讲者提出的论点、支持的政策、提供的证据）和潜在层面——信息对环境的表述。潜在层面的修辞研究往往是精细的，重点是这类事情：修辞学者使用的意象模式、支持一种特定逻辑的隐性假设、价值主张以及表明说话人的人口统计或心理统计身份的心理语言习惯。我们在潜在层面的分析是为了发现在莱温斯基丑闻期间当公众的监视达到巅峰时克林顿总统可能秘密地说什么。我们的假设是克林顿先生通过选用语言所营造的社会印象在弹劾的煎熬中特别有影响力。

我们做这样的假设是因为克林顿本人很少谈到莱温斯基的情况，尽管他的律师和辩护人会补充他的沉默。至于克林顿先生本人，在1998年8月17日——当天晚上10点他在白宫地图室向全国发表了讲话——和1999年2月19日——参议院未能解除他的总统职务后一周——之间，他28次谈到（或未能谈到）弹劾事宜。这些谈话中最长的（1142个字）是他在9月11日在白宫的祈祷早餐会上的讲话，最短的是11个字，是他在10月9日与德国的格哈德·施罗德的联合讲话："我对我昨天说的话没有任何补充。"这些讲话14次属于后一类——要么是克林顿直接拒绝谈论此事，要么是公众要求他把眼光放在大局上：

记者问："总统先生，你认为有什么办法摆脱弹劾调查吗？"

总统："好吧，我这样来回答你：正确的做法是让我们所有的人去关注那些最有利于美国人民的事。对于我来说，要做的正确事情就是我现在

做的事情。我正在努力的领导我们的国家，我正在努力地愈合我家人的创伤。"（克林顿，1998年9月24日）

  还有5组言论是对莱温斯基事件的影响做的抽象政治的评论。这些评论都是只言片语——在克里姆林宫，在都柏林总理的办公室，在白宫与记者就一个问题的问题交流中，就在进入内阁会议室开会讨论社会保障问题之前，在访问耶路撒冷期间与内塔尼亚胡总理一起出席联合新闻发布会中。大多数这样的言论很简短，而且虽不经意却不简单。例如，当被问及弹劾问题如何影响选民人数时，克林顿转移到一个党派的框架上："你的问题的答案是，我不知道。我知道这不是普通的选举，不是普通的时间。需要解决的问题是影响每一个美国人、每一个美国家庭孩子的大事。要解决的问题是社会保障……。"（克林顿，1998年10月30日）。

  但最有趣的是9段表述，与莱温斯基事件本身直接相关。平均长度只有600字，这些言论包括他在1998年8月17日向全国做的经常遭到中伤的演讲和他在1999年2月12日在玫瑰园做的"胜利"演讲。这期间还有如下一些场合：在总统暑假期间在科德角联盟教堂做短暂讲话，9月9日在奥兰多对佛罗里达民主党的讲话，在9月11日的祈祷早餐会上，9月16日在与瓦茨拉夫·哈维尔举行的联合记者会上，11月2日在黑人娱乐网络上的内容广泛的采访时，12月11日在玫瑰园向全国做"更好道歉"的广播中，12月19日，在众议院刚刚把弹劾方案交回进行辩论和表决之后，与民主党领导人"集合力量"的谈话中。这些讲话的语气在令人感兴趣方面各有不同，但总体来说，它们表达了克林顿先生在莱温斯基事情中采取主动的企图。

  为了查明这些言论的结构细节，我们分析了克林顿的词汇选择。工作的假设是讲话者的政治词汇包含有他或她的哲学世界观的重要线索、心理性格和社会期望。很少有讲话者——特别是处于充满激情的情况中那些人——有意识的注意他们的选词，这使得计算机语言分析在这些情况下尤其方便。这里，除了关注"用语"的标准变量，我们还检查了克林顿先生对爱国主义术语的使用，因为他面临一组本身就充满激情问题。他是避免了国家的神圣价值观还是在这些价值观中寻求庇护呢？他是倒向了敌手还是远离了他们呢？

我们还在其个人修辞历史方面研究了这位总统的危机讲话，我们将这位总统的弹劾陈述与1992年到1996年间广泛的政策演说和竞选讲话进行了比较。我们希望把弹劾陈述当作克林顿的全部作品来检查，这会表明他是如何应付重要时刻的压力，由此进一步表明其隐性的谈话理论的一些情况。这种方法似乎特别适合比尔·克林顿，他终其一生证明他可以用语言解决几乎任何情况。

但是，事实证实了克林顿先生的信心了吗？他的语言技能在弹劾期间成为他的优势了吗？我们相信这两个问题的答案是肯定的。我们也相信佐莱尔的断言单凭政策一致就把克林顿与他的批评者隔开是现代政治过于局限的观点。比尔·克林顿在弹劾期间讲话经济，同时他精心打造吸引人的一套形象并附在合适的公众词汇表上。结果总统职位保住了。

8月17日灾难

1998年8月18日，后一种说法似乎是可笑的错误。克林顿先生前一天做的演讲没有达到任何人的期望，里面拼凑有自私自利和任性的内容。但演讲确实有其温柔的时刻——"现在，这件事摆在我，我最爱的两个人，我的妻子和我们的女儿，和我们的上帝之间。我必须做得对才是。"——这些时刻被他奇特的拐弯抹角所覆盖（"的确，我确实与莱温斯基女士有不正当的关系"），而且他对自己苦恼的事情给予的抨击更引人瞩目：

我真的非常关注指派一位独立检察官进行开始于20年前的私人商业交易的调查——关于这些交易，我可能会多说几句，一个独立的联邦机构2年前就没有发现我或我的妻子有任何不道德行为的证据。这位独立检察官的调查转移到了我的同事和朋友那里，然后又涉及我的私人生活，现在这种调查本身还在调查中。这件事持续的时间已经太长，花费的成本太多，伤害的无辜人太多。（克林顿，1998年8月17日）

克林顿的组合攻击、防御和自我吸收是足以让大多数的观察人士领教的。如同西蒙斯的报道，他没有"表达真正的悔改，他后退到拘泥于细节的法律上，他对总统职位的玷污，他对道德责任本身意义的攻击"确实没有给他带来什么好处。这些道德上的失败又加上了战术上的彻底崩溃，西蒙斯说：："走廊两侧的媒体和政客对着4分半钟讲话的反应几乎是一致的。克林顿未能实现他的目标。更糟的是，他强化了人们对他管理能力的怀疑……"西蒙斯继续解释了为什么这次讲话的结果如此糟糕，克林顿在努力控制难以控制的困境：伦理挑战、相互矛盾的角色需求、法律和政治言论之间类属冲突、各方面观众的参与。鉴于这种复杂性，大众媒体对这个讲话是紧追不舍：

• 他（克林顿）基本上没有说他为他所做的事感到抱歉，他只是遗憾他被捉奸了……。语言也有克林顿的气味。7个月的谎言和著名的摇手指在某种程度上只是相当于承认他"给一个假象。"至于辩称答案在"法律史是确切的"这一点，大多数人认为有些事确切有些事不准确。

• 演讲没有引起同情，因为他没有严厉对待自己……。他的举止并不是一个坚强的男人在悔悟时的行为而是进攻时一个防御者的行为。他的演讲中没有信任，让人感觉不到他知道他可以信任他所领导的人民的同情。

• 也许创始人应该把"重大犯罪和堕落的语言"列为弹劾的理由。其他总统已经说谎——那些事情比性更重要。但是，克林顿把遁词和使人曲解的法律术语变成了一种生活方式。

• 那么如果4年的调查和4小时性审问之后他生气了那该怎么办呢？

他本该通情达理地至少听起来有点为他的行为道歉才是。他甚至还本可以表现出一点点谦卑。

在试图解释克林顿的任性时，政治心理学家斯坦利·兰森认为，公众讲台的"开放"（相对的是在他马上开始讲话前向他提出的法律口供的约束）诱惑克林顿发泄。兰森说，克林顿的"性格心理学"是几乎从来不会让他为自己的行为承担责任的那种。兰森说，"一位有很强能力去接触别人关注的事情的总统"但也是一位"总想利用别人来达到自己的目的"总统在8月17日保证他将尽力达到其所有不相称的目标。

"用语"对8月17日讲话的分析证实了许多人怀疑的事情：这篇演讲完全代表不了比尔·克林顿。克林顿一个最大的优势就是他能够将难以结合的两个特性结合起来：头脑冷静的实际性并具有团队和谐感。与其他优势相比，这些才是他的明显强项。就像一个"计谋专家"，现实性是克林顿的天性。正是这位上过美国乔治敦大学，耶鲁大学和英国剑桥大学的克林顿曾恐吓助手说出他需要知道的事情。同时，还是这位来自阿肯色州霍普镇的比尔·克林顿，能走进美国的任何一个黑人教堂（或任何麦当劳餐厅，还不仅如此）并能立刻与人们有种亲密的感觉，人们也会对他有同感。无论怎样，这位南方的骄子与90多位技术官僚纠缠到了一起，而且他们共同维持了总统职位，留下了难以忘怀的8年时光。

但8月17日的演讲中没有这样的老生常谈。克林顿这篇演讲的现实性得分40.9分与标准几乎差4分，低于他的52.5分的正常平均值。同样，他的共性得分是47.1分，与标准几乎差2分，低于典型分数（基于645段讲话的比较样本）。此外，演讲中熟练的回避明显地拉低了他的确定性分数；他的乐观态度和活跃性得分也下降了（尽管不是陡然）。似乎是为了弥补，克林顿的自我指涉在演讲中多了一倍，鉴于他所面对的个人情况，这并不奇怪。

当然，这些语气特征不是孤立存在的，而是结合形成了一个主词典。8月17日演讲隐含的感觉是一个固执己见的人因做了他本不该做的事被捉到了，而且这个人还拒绝承认。相反，克林顿先生却杂乱无章地说了一通，根本不与整体的论证一致。他的某些言论小心翼翼到了极点（"我的回答在法律上都是准确的，但我没有主动提供信息"），而另一些言论则是赤裸裸的自我怜悯（"我如实地回答了他们的问题，包括我的私生活——这些问题没有美国公民会愿意回答的"）。他没有指向国家、社区，而是指向了自己感到对不起情况（"独立检察官把调查转移到了我的同事和朋友，然后又进入了我的私生活"）。他的结论结束了讨论（"我们有重要的工作要做——真正要抓住的机会，真正要解决的问题"），但这是一个干脆的和不具体的结论。他的战斗号令让一位尼克松的扮演者来说："我请你离开过去7个月的场面，去修复我们国家的语篇结构。"

克林顿的演讲不像他这并不奇怪。没有几个人面对过他面对的情况，也没有人为这些人写过什么规则手册。克林顿的"修辞特征"——通常是清晰、轻松、具有公益感——恰好在不适当的时候抛弃了他。如果克林顿再等待和冷静一点，大卫·格根说，他可能会把航船平衡过来的：

下午与斯塔尔对质惹来的气愤，加上妻子和律师压力，他拒绝考虑自己更好的本能和为他写完的更好的讲话稿。他没有去满足国家的需要，而是用自己的谈话努力挽救他的婚姻和他的家庭。如果他等待24小时冷静下来，他会对应该得到道歉的每个人道歉的。他本可以恢复，而不是极化。

离开总统一职几年后，在写《我的生活》一书时，就连比尔·克林顿本人都发现在那个决定性的晚上，他做的那个演讲有错误："我相信我所说的每一个字，但我的愤怒没有消失到足以让我去表达我本该表达的悔悟"。

修辞和复活

8月17日的演讲依然使很多美国人感到恼火，但这并不是克林顿故事的结束。大多数选举专家认为，弹劾纠葛没有明显地影响在两个月后举行的国会选举。为什么呢？我们的论证是，克林顿很快从他不明智的8月17日的放纵中恢复了过来，重新展现其修辞特征。他平缓稳健地运用其有利的政治词汇并以竞选的风格去那样做，小心地选择其说话的情况并做出精确的调整以适应这些情况。这样做，他就回到了他以前走过的路径："克林顿总统既坚定又具有弹性。他的持久性是一个伟大的政治资产。作为州长和总统，他经历过很多严重的挫折，但他都恢复了过来，并从中继续取得新的成就。克林顿的恢复能力显而易见，问题是为什么他不得不经常这样呢"。

显然，克林顿先生自身具备一个指南针，在他误入歧途时会告诉他。

一旦这种事情发生了，凭本能他又回到了真北这个基准点上。似乎选民也采用这样的定向仪器，一旦他们了解了领导喜欢的语气，然后就用它来评估他或她的后续行为。当选民听演讲时，也就是说，他们可能也是在听演讲者所做的所有以前讲话的另一半。所以，一个辩护者面临的不仅是即刻情况，还有之前的情况和可料到的情况。

因此，尽管8月17日的演讲存在问题，但很快一切都改变了。在接下来的几个月里，克林顿先生的演讲超越了其8月的那次演讲，他持续地加大其首选词汇的运用，直到这些言语再次接近了其正常的语气。这里要记住的重要事情是所有这些演讲都与莫尼卡·莱温斯基的事情有关。换句话说，克林顿一直在寻找谈论他的阵痛的新方法，这就是说，他发现了谈论其阵痛的老办法。他抛弃了8月17日的自我中心（低共性）；他放弃了逃避（低确定性）；他放弃了武断（低现实性）；他放弃了法律术语（低熟悉性）。取而代之，他用了在8月17日没有见到的一种宏大的精神和远景。尤其引人注目的是克林顿先生的这些变化发生的有多快，如同我们在一篇演讲中看到的，那是在8月17日演讲的仅11天后，克林顿在科德角的联合教堂发表的演说：

你们所有的人都知道，为了得到宽恕我不得不装作成为这方面的专家。（掌声）你做多了就会变得容易一些。如果你有一个家庭、一个政府、一个国会和一个整个的国家来请求宽恕，你——你就将得到大量的实践了。（笑声）

但是我必须告诉你们，在这些最煎熬的日子里，我终于明白了这一点，是的，这是我作为总统第一次学到点东西，但这还不是令我刻骨铭心的，也就是说，要想得到宽恕，你们必须愿意给。（掌声）

我们所有人——对你认为委屈了你的人具有愤怒、怨恨、痛苦和谴责的愿望，这些情感使你的心变得冷酷，使你的精神变得麻木，而且还导致了自我造成的精神创伤。所以，我们能够宽恕我们相信已经伤害了我们的那些人这一点很重要，而我们请求得到受我们委屈的那些人的宽恕更为重

要。我第一次听说——第一次——在民权运动中："爱人如己。"（克林顿，1998 年 8 月 28 日）

代词讲述了这篇演讲的故事。复数代替了单数；第二人称代替了第一人称。语气也发生了明显改变：比尔·克林顿突然与集合名词结合到了一起，他感到了它们的感觉，它们也感觉到了他的感觉。即使在演讲中（建议加一个逗号）他着重谈起不端行为时，他也找机会扩展到他的情况之外（"你将得到大量的实践"）并寻求重新加入美国人社区（"我们请求我们已经委屈的人的宽恕"）。联盟教堂演讲的共性分数远高于 8 月 17 日的演讲，让选民再次听到他们已经知道的那个总统的声音，那位和人民在一起的总统。

伯努瓦和麦克海尔说，正是这种修辞特征使克林顿成为一个受欢迎的总统，而且具有讽刺意味的是，倒使得特别检察官肯尼斯·斯塔尔遭受"比承认误导公众和欺骗妻子的克林顿更糟糕的形象问题。"克林顿的共性语言确立了他作为"共性群体代表"的合法性，在任何政治（相对的是法律）程序中的一个关键因素。葛林斯丁说，克林顿的"满足人民、了解他们、喜欢他们、让他们喜欢他的强制需求"是他的野心和他的救星。克林顿的批评者可能想知道"如果我们让他蒙混过关，我们作为一个国家它又能说什么呢？"但他们这样做，就错过了克林顿的魔法：他似乎没有意识到自己和他服务的国家之间有什么区别。他才会这样说。

如果联盟教堂演讲再次确立了克林顿与国家的社会关系，那么他对佛罗里达民主党的简短演说表明他现在又回到了政治事务中。他的熟悉性分数（使用普遍日常词汇）在那次增加了一倍，他的现实性得分也大幅上升。与 8 月 17 日演讲中发现的漫谈相比，奥兰多的讲话从未偏离底线："我不怪罪任何人，只怪我自己造成的自我创伤……但这不是让你们对下列情况袖手旁观：我们在一些问题上是正确还是错误的，在过去的 6 年中我们所做的事情，本次选举意味着什么。"熟悉性和现实性巧妙地结合有助于叙述，这是克林顿的惯用手段。其奥兰多的讲话特别令人感动：

当我来到山顶学校时——巴迪和我几分钟前在那里——我和那里的所有孩子握了手。这孩子让我想起了我当时年轻的样子——他比其他学生大一些，强壮一点——他说，"总统先生，我想长大后当总统。我想成为一个像你这样的总统。"我说——我想，我希望能够竭尽我的一生和我的总统之职以便我们国家所有父母的孩子能够再说一遍让他们的父母能感觉欣慰。我永远不会忘记那个小男孩，这对我来说是一个很大的指导。（克林顿，1998年9月9日）

一旦他挺过8月的低迷，即使是经验丰富的记者也不能使克林顿偏离轨道的。例如，在下面的交流中你会注意到他从哲学转到实际的速度有多快：

记者的问题：总统先生，从你对这件事的理解，莫尼卡·莱温斯基对你们关系的说法准确和真实吗？你仍然坚持你宣誓的证词没有说谎吗？

克林顿总统：亨特先生，到目前我说过有一个月了，我做了错事……但……还剩2周的时间就进入今年的预算年度，一个非常非常大范围的项目就要摆在我们国内美国人的面前——我们要尽自己的力量去应对这场金融危机，去给国际货币基金组织提供金，在我们花费盈余之前节约社会保障体系，尽我们之所能去做重要的工作来帮助教育我们的孩子，处理健康维持组织中的那些人的病人权利法案，这个组织有1.6亿人。这些事情，对我来说，是我作为总统应该谈论的。（克林顿，1998年9月16日）

我们不应该被克林顿的转换速度所误导。上段中的省略号表达的是直截了当地承认了不道德行为（"在上星期五的祈祷早餐会上，我认为我尽了我之所能认真地极其真诚地说出了基本的事实真相"），还坦率地评估了自己还在进行的思想斗争：（"我需要专注于我做的事情，承认它，弥补它，然后做我家人的工作——在家里我还有很多工作要做，困难的工作"）。但即使在这里道德还是变成了功利主义（"很多工作要做"）而且道德危机成了一个日常工作事项。支撑美国实用主义的假设可以被用来提供其演讲中所有失踪的理由。

还值得注意的是，克林顿的复活开始具有了竞选的特征，这或许可以解释为什么新闻报道以及公众舆论随时间转向了他的方向。克林顿的方法里有一种坚忍不拔，那就是慢慢地、稳步的、勇往直前的品质。他还非常聪明，在各种场合发表演讲，在教堂、党派集会、新闻发布会、电视采访中。这让他掩饰了其残酷无情的一面，从而使克林顿再次"成为自己"……但过程缓慢。要想察觉如此极其缓慢的途径就要使用电脑。

修辞与专业化

到目前为止，这个故事讲的是克林顿先生重新找回了自己天生的说话方式，但还值得注意的是他没有做什么。例如他没有大量使用否定单词（不能，不会，不应该等）。克林顿这个变量的正常得分是 5.69，但他的"莱温斯基"演讲平均每段的否定得分只有 5.13（统计上的显著差异）。也就是说，他没有提供给他的批评者逐行的反驳也没有对未来表示听起来空泛的决心。相反，克林顿在其危机演讲中表现出来的乐观态度如同他在做竞选演讲和在椭圆形办公室里发表政策演讲。"变成否定"根本不是克林顿喜欢的语气，倒像理查德·尼克松那样的辩护者。克林顿方法的关键是一致性，总是在其确立的范围之内。

但是在特殊场合，克林顿做了一些有效的适应性调整，这些也是复活故事的一部分。他的危机演讲每段平均 21 次自我指涉。而其政策演讲只有 7 次，竞选演讲 12 次。这是符合论述辩解的学术文献的也符合常理：当你受到指责时，你应该去找问题的根源——自我。

但是，克林顿的方法与众不同：他没有让自己与社会和政治背景对立（不像一些人，例如加里·哈特就攻击媒体要对他的失败负责，还有罗纳德·里根把他的背信弃义与伊朗政府联系到了一起）。相反，克林顿剖析了自己。作为 60 年代的孩子，作为一个忏悔宗教的信徒，克林顿知道所有的救赎——政治的和道德的——最终是一个良心的问题。这个方法对克林顿很舒适，因为他从来没有看到内部和外部之间的区别。他在电视上谈到他的内裤，谈到他哥哥的上瘾，谈到对他虐待的父亲，谈到他的道德缺陷，似乎不停地在谈。

克林顿还尝试为深夜模仿节目进行自我模仿（"我感到了你的痛苦"），这也使他平易近人。因此他不仅是一个平淡无奇的总统而且还是一个罗纳德·里根式的总统，后者把自我披露作为政治创新。电视的隐私——电视的闲话脱口秀节目和肥皂剧——鼓励克林顿这样做。在莱温斯基事件期间，他经验主义的挑战变成了自身内部的挑战，然后排除它们，当他在黑人娱乐网络上被问及其婚姻困境时，他就是这样做的："我所能告诉你们的是我在努力做这件事，我认为这是极其重要的。对我来说比世界上任何其他事情都重要……但我认为这事我说得越少，越好"（克林顿，1998年11月2日）。

白水事件呢？再一次，他把外部事情变成内部事情："我和妻子没有做错任何事。最终美国人民会一目了然的……所以我心安理得。"批评他的人呢？克林顿的策略是一致的——听到一件令人羞愧的事，报告一种情绪："确实有一些人，不过，他们也只有一生——他们评价自己的标准只是他们能不能被人接受，为此他们感到很生气。而我很抱歉，我甚至再不生他们的气了，我只是抱歉。"（克林顿，1998年11月2日）

克林顿的恢复还有一个更微妙的方面。他利用某些言语行为强调他的复活。例如在天时地利的黑人娱乐电视台采访中，他装饰性得了高分，他用形容词和副词来装饰其对委屈他的那些人的主张。例如，当被问及他怎么看待华盛顿的"右翼阴谋家"时，克林顿吐露心声：

对于这些人中的大多数，有没有病人的权利法案以保证医生而不是会计做出医疗保健决定不重要；是否提高最低工资当然不重要；我们是否再增加100000多名老师和现代化学校不重要；我们是否为21世纪而节约社会保障金不重要。（克林顿，1998年11月2日）

以类似的方式，克林顿用他在年度祈祷早餐会上的演讲强调他的忠诚是永恒的真理。这篇演讲的乐观态度极高，这很奇怪，因为在演讲中他做了大量的赎罪（例如当他向莱温斯基家族道歉时）。但是演讲的大部分是乐观的，使演讲具有一种几乎是救苦救难的品质。克林顿这位教士说：

我很感激许多，许多人——神职人员和普通市民——写给我明智的建议。我深深地感谢有那么多支持我的人，不管怎样，通过这种支持他们似乎还知道我非常关心他们，关心他们的问题和他们的梦想。我感谢站在我身边那些人，感谢在这件事和许多其他事情上说这样话的人：隐私的范围已经遭到过度和不明智地入侵。这可能是。然而，在这种情况下，它可能是一个祝福，因为我还是有过失。如果我的忏悔是真诚的和持续不变的，如果我能保持一个破碎的精神和强大的内心，那么对我们国家以及我和我的家人来说就能得到善果。（克林顿，1998年9月11日）

具有讽刺意味的是，尽管克林顿的讲话有新约的味道，莱温斯基家族的拉比，洛杉矶西奈寺庙的大卫·沃尔比谈到这个演讲："有时候，正是这种绝望的时刻，使某个人，至少在犹太族的传统里，使自己超出他们想象他们可能达到的境地。"

但是又过了两个月，克林顿才找到了合适的关于悔改的遣词用字。克林顿说8月17日他说了许多人希望说的话，这句话直到1998年12月11日（遭到弹劾的前一周）他才在玫瑰园说了出来。12月份的演讲干净利落（确定性得分很高），共性得分也高，使其有一种公理教会的激情。最重要的是，演讲的乐观态度很低，是其这场危机演讲中最低的。

混杂语言是有吸引力的：悔悟与团体的命运相结合。克林顿承认了他做错的事情（"我本不该误导这个国家"），还解释了为什么（"我屈服了我的耻辱"）。他为"两党国会议员现在不得不去处理"的事情而道歉，甚至还承认他从他的批评者那里学到了东西（"他们确实指出了我们的缺点"）。"像那些诚实面对不正当行为的耻辱的人一样，"克林顿说，"我愿意付出任何代价改过自新。"引人注目的是，这位总统宣布，如果国会"确定我的错误言行需要他们的公开谴责，"他已经准备好接受它（克林顿，1998年12月11日）。在大众的心目中，克林顿先生终于真的道歉了。当然，对于众议院来说，这太微不足道，也太迟了。

比尔·克林顿无论何时都是总统，所以一周后他对国会民主党人的讲演仍然不同。里面有大量的爱国语言，在其他危机讲演中他使用的民族主义术语，在这次讲演中克林顿用了 6 次。他这样做，就把自己与国家的政治传统连在了一起（与国家的宗教和文化根源相对）。尽管众议院刚刚弹劾过他，这也是莱温斯基戏剧性事件中最乐观的演讲。演讲中，他感谢了民主党党团会议的成员，感谢了一直支持他的家人的那些人，他还推崇这样一些特性，如"善意推定，""需要齐心协力，""建设性辩论，"和"捍卫宪法。"最重要的是，他敦促他的听众"不受怨恨的影响"并做一名"裂痕的修复者，"这样所有的人都能够进入"新世纪的黎明"（克林顿，1998 年 12 月 19 日）。就在克林顿的午夜期间，黎明近了。

结论

在讨论这场政治危机中，兰德尔·米勒指出，"弹劾的目的是制止进一步损伤政体。"米勒认为，惩罚是弹劾的次要功能，保护国家是主要的。这种区别解释了修辞在这种情况下如何变得重要。在举世瞩目的 3 个月期间，威廉·杰斐逊·克林顿找到了方法，再次使用 2 次使他当选总统的那些相同的政治词汇，从而让选民意识到国家仍处于有利的境地。不仅如此，他还通过修辞手段来惩罚自己，对大多数美国人来说，也足够好了。媒体专家和华盛顿的政客们永远也不会明白这一些的。尽管他们是专业的文字大师，可他们从未真正欣赏过克林顿语言的力量，也根本理解不了单凭这种能力怎么就能经得起法律和宪法的挑战。但克林顿知道修辞既有保护又有赎罪的功能。比尔·克林顿遭到了弹劾，但比尔·克林顿又回来了，这使得美国人要在政治上，还有感情上，去做认真地思量。

我们认为太多的观察人士认真考虑对克林顿弹劾的象征性方面是不明智的，尽管他们看法毫无疑问是正确的即总统的成就在许多方面没有受到对手的批评，还使得肯恩·斯塔尔似乎成了一个多管闲事的自命不凡者。但是一个古老的社会心理学原理认为，人们的态度不是固定的，除非他们有令人满意的方法向他人解释这些态度。为了让比尔·克林顿继续当总统，也就是说，美国人民需要一种语言，不使自己显得腐败或自私。作为一个"总能在中间地带游刃有余"的人，克林顿先生轻松地提供了这种需要的语言。他用现实性把自己与意识形态区分开，使用共性将团体的担忧与个人的不端行为分开。他还用确定性和熟悉性使选民感到有持久的信心。他这样做，给人们提供了一种用来接受现状的语言。从某种意义上说，克林顿成了国家的口技艺人。

这里提出的另一主张（也是贯穿本书的）是：词汇的力量是政治的一个方面，其重要性比迄今为止所承认的要大。本研究追踪的是修辞，而不是想法、观点、哲学或世界观。这样的追踪对某些事情来说是不够的，因为存在自然人的傲慢，认为就选词而论要么是随意的（因此形不成理论）要么是模糊的（因此在政治上无效）。不过在某些情况下，词汇的重要性确实如此，尤其当穿越时间地使用整个词汇家族时，它会变得特别强大。这时，词汇缓慢而稳定的应用先打开进入公众讨论的路径，然后改变讨论的性质。

正如我们在这里所看到的，比尔·克林顿从未让莱温斯基丑闻搞得仓皇失措，而是其语言行为对美国人民的表达和对他自己的表达是一样的。8月17日的演讲因为情绪的放纵使他的大多数公民追随者感到沮丧。但是克林顿很快恢复过来，发动了一个低调的活动来把他们争取回来。他的批评者被所有这一切激怒了，想知道为什么通奸、作伪证以及（有可能）胁迫不足以罢免总统。对这些指控唯一可能的回应是，在一个民主国家，选民通常想得到了它想要的。在克林顿的案例中，选民想要的是一位头脑清醒而有力并具有为人民服务意识的首席执行官。或许选民应该想要的更多。那么这是怎么回事呢？比尔·克林顿手下的那些人没有比他更强的，在一个民主国家，这就足以了。

第七章
复杂性与谨慎的语气

乔治·W·布什政府即将结束，人们对这位总统似乎没有什么所不知道的。布什是伊拉克和阿富汗两线战争的总司令，是9·11事件后重振美国雄风的人，是帮助其共和党人同僚在2002年赢得国会两院的人，是在2003年签署《不让一个孩子掉队法案》的人，是在2004年轻松连任的人。两年后，他失去了对国会的控制，见证了令人惊叹的赤字，最终成为公众对美国总统支持率下降最急剧的人之一（他结束任期时的选民支持率只有30%）。布什总统任期的动荡难以置信，至今也很难想象有什么新的东西。

我们的数据在其他方面有所显示。本章考察了大量布什的公共声明以专门了解其意识形态的倾向。但何苦呢？除了把布什先生描述为50年中"最引起不和的白宫主人"还能怎么描述呢？布什的"风格、议程和战术，"加里·雅各布森说，"最终引发了自开始对总统工作表现进行定期轮询以来最有分歧地对总统的党派评估。"雅各布森认为，布什往往是控制国家的议程，秘密地制定政策，然后大力兜售其解决方案，而忽视媒体产生的分歧程度是越南战争以来未见的。所有这一些都是一位在当选时承诺要"改变华盛顿语气"的总统所为。

尽管布什的意图是最好的，但他经常被称为"自大的""不加批判的""救世主似的""主教的",以及几乎所有与过度自信相关的其他形容词。关于布什的轶事传播最远的是这样的轶事:"三个月前……在宾夕法尼亚州的兰开斯

顿县与孟诺教派的农民一次私人会见中,据报道称,布什说,'我相信上帝通过我传达意志'"。即使是杜撰的,这些故事仍被广泛相信——布什的支持者和反对者——这说明他们抓住了这个人的实质性的东西。

其他学者指出,只有在布什当政期间见到一些分歧才能体现总统本人的属性。例如,在其执政中期,"党派标识符"在美国达到了90%的水平,开放式的对话几乎没有什么余地。此外,由于抱有获取"大新闻心态"的记者自然地被"双重意义的话语"所吸引,所以布什任期是可能产生叙事的特别成熟期。其他学者认为,911事件的危机从根本上"将总统和美国公民之间的关系转向了重要的东西,这种东西逐渐地更深地建立在超凡的领导能力之中"。

还有什么可以解释布什这位理论家吗?休·赫克洛把这些特性归结为这位总统的世界观,这种世界观认为"使用自己语言的思维定式"需要表现出来。其他学者把这种极性颠倒了过来,宣称激进的右翼使布什成为他们的俘虏,增加其言行的"正义的印记"。"民主党最近已经成为具有微妙色彩和复杂性的政党,"帕克说,"而共和党成为具有铁板一样意志的政党,"从而使布什别无选择,只能接受他们的老一套。凯尔纳火上浇油,声称,"布什政府,在美国企业媒体的助推和煽动下,使用一种恐惧策略来通过右翼的议程,其中包括爱国者法案、法律体系的巨大变化、美国军方的急剧扩张、美国主导的对阿富汗和伊拉克的军事干预。"罗杰斯说·史密斯说,结果是一种言辞,内容是"反民主的特性,抑制审议和异议。"罗伯特·艾维和奥斯卡·吉内认为,布什的话语含蓄地承认,"奥威尔式的状态是必要的旨在保护民主免受敌人攻击。"

所以大众对布什的看法是:兴致勃勃地进行了一场不得人心的战争,对关塔那摩囚犯事宜优柔寡断,对干细胞研究事宜讨好宗教保守派,对环

境问题充耳不闻。所有这一切是真的。但下列事情也是真的：他对移民政策态度温和，对社会保障改革谨慎前行，是以色列人的坚定盟友，同时努力适应阿拉伯人情感。

事实上，尽管布什所谓的意识形态，但党派的右翼从未真正信任他：他反对取消美国能源部，而对它的取消自 1980 年以来共和党每次的纲领中都有。许多保守派诋毁布什缺乏财政纪律，一些人讨厌他的"联邦"倾向；他取消了最高法院提名的试金石令反堕胎者感到失望。也许是因为他增加了国内支出项目，拒绝批评他的对手的爱国主义，并试图延长攻击性武器的禁令，乔治·W·布什从未真正成为右翼的宠儿。

政策问题之外，布什先生还做了什么使人们对他的任期有那么些相互冲突的看法呢？把他的讲话与其前任和现任总统的讲话相比，他能被公正地视为一个理论家吗？随着其执政时间的流逝他变得更意识形态了还是在他学会了华盛顿的方式之后收敛了呢？是特殊事件、主题或环境造就了这位尖锐的布什吗？有没有可能他用一种方式统治而用另一种方式讲话还是大众认为布什是理论家的印象应该重新考虑呢？

我们对这些问题的回答并不是没有争议的。它们对现有的新闻评论和对国家 43 任总统的大量的学术研究表示了异议。我们认为布什是实用主义者而不是理论家，他经常受到工作的错综复杂的困扰，因此他的讲话里含有值得考虑的细微差异。最重要的是，我们认为，如果不去审视他面对的政治复杂性和他是如何应对的——通过他讲话的语气，就不可能理解布什的任期。我们还认为，布什在许多方面体现出了修辞的事实。

研究布什的语气

在调查布什总统中，我们收集了他几乎所有的公共讲话（我们的语料库有略低于 2300 篇全文）。除了检查标准的"用语"变量外，我们还创建了一个特殊的衡量标准称为激励语气，定义是趋向于自信和鲜明地关注政治、宗教和社区的核心信念。为了创建这个变量，"用语"的 2 个内置分数和 3 个自定义词典结合了起来：激励的语气 = 爱国语言 + 宗教语言 +

选民指涉＋确定性（包罗万象的语言）＋装饰性（大量使用形容词结构）。

更具体地说，我们监视了美国标准标记的使用（n=31），包括宪法语言、庆祝的术语和与基本权利和历史事实相关的单词（如"自由""正义""共和国"）以及宗教的语言（n=200）——广泛的犹太教和基督教公用的术语，包括价值负载术语、宗教性格和神学的构造（如"敬拜""弟子""预言"）。对此，我们更大规模地增添了对美国公民的指涉（n=48）（"人民""成分""国家"等）。这些单词的总数量进行了标准化（因为他们的精确幅度不同），然后混合起来构建本研究中用作激励语气的衡量标准。

我们查看了布什任期内每年大约275篇的演讲。对每个演讲的日期、主题、长度、地点、场合、观众和目的都做了记录，能够相当全面看到布什的修辞结构。我们发现，布什先生的演讲10.4%的时间是做给政府或军队听的，40.2%的时间是做给全国观众或新闻界听的，49.4%的时间是做给本地或邀请嘉宾听的。地点方面，59.2%的演讲是在华盛顿特区的市郊，33.2%的演讲是在美国的其他地方，大约38%的演讲是在正式的情况通报会上，49%的演讲是在党派集会上，49%的演讲是在正式的场合。有趣的是，这些比例随时间而保持不变——包括政治集会——再次验证了现代总统职位的"永恒竞选"的概念。多年来"有一些局部变化，但总的来说，我们的示例完全站得住脚。我们估计，收集的示例包含布什8年多任期做的所有演讲的80%。

注意不被注意的布什

把乔治·W·布什共同描述为一个理论家可能意味着很多东西。这可能意味着他拒绝和其国会的对手妥协，而且有相当多的证据支持这种指责。这还可能意味着他和他的政党右翼是同盟，把他自己限定在一套狭隘的政治光学仪器中，也有一些事实来证实这种说法。进一步，这可能意味着他拒绝与他的批评者共餐，的确，其国内72%的演说是在"共和党统治的"州，只有28%的演说是在"民主党统治的"州。这还意味着他支持的立法，他选择的内阁官员以及影响他的顾问是来自一个非常狭窄的政治小圈子。

所有这些事情可能是真的,但这一点也是真的:乔治·W·布什说话不像一个理论家(至少不很经常)。

总的来说,布什的激励语气的数据生成了一个几乎完全正常的曲线(甚至是一个偏左的曲线),这表明,他并不反对使用强大的语言,但他没有过度使用它。在这些方面和更多的方面,他与巴里·戈德华特形成了鲜明的对照,后者在1964年竞选总统期间被称为一个极端主义者、一个圣斗士、一个狂徒、一位新政批评者。他也不同于罗纳德·里根,后者称俄罗斯为邪恶帝国、与反叛军作战(并付出了代价)、轰炸利比亚和入侵格林纳达、而且坚定的接受供应经济学政策的经济。与这样的"硬案例"相比,布什先生的言论还算保守。

从1948年至2000年有小布什,戈尔,多尔,佩罗特,克林顿,杜卡基斯,老布什,蒙代尔,安德森,里根,卡特,福特,麦戈文,戈德维特,约翰逊,尼克松,肯尼迪,艾森豪威尔,杜威,杜鲁门等人在总统竞选中使用激励语气。

布什的方式具有煽动性,乔治·W·布什是在过去的半个世纪中国家看到的最不意识形态的总统候选人。这怎么能是真的?布什的刻板印象怎么能如此被误导?乔治·W·布什真的比其父亲更温和,比尔·克林顿更狡诈,比德怀特·艾森豪威尔更外交?"用语"能把别人已经弄错的纠正过来吗?

这些都是公平的问题,但想要回答它们还得了解更多一些的构成素材。2004年布什第一次竞选总统时,他给人的印象比平时更强势,在他竞选第二个任期时他又回到了更平静的方法上来。在2004年竞选活动期间,布什先生找到了一个要讲的好故事。他讲的故事——时世危险,国家的命运与他继续连任连在一起——有很强的军事色彩,这正是共和党的战略家为胜利所谋划的。这种选择不仅有政治也有审美。注意在下面的段落中,例如布什以精雕细琢的叙述开始,毫无瑕疵地转到了毫不妥协的结论上:

两年半前,在一个安静的9月早晨,我们的国家经历了战争和悲伤的降临。从那天起自今，我们一直奉行一个明确的战略：我们要对境外的恐怖分子发动攻势。我们要采取前所未有的措施来保护国内的美国人民。恐怖分子的目标是杀死我们的公民——这是他们的目标——并让美国人生活在恐惧之中。这个国家拒绝生活在恐惧之中。我们将站在一起直到对我们国家和文明世界的这一威胁结束。（布什，2004年3月2日）

布什在2004年竞选活动的言论比在2000年总统大选中的要尖锐得多，部分原因是时世更具有挑战性，部分原因是布什专心致志地进行2004年的竞选，他把重点主要放在了国防上。相比之下，在2000年，他和阿尔·戈尔都面临一些重大问题——国际外交、国家的经济、教育和基础设施、克林顿丑闻等——所有这些要求柔韧性。总之，尽管尖锐不是布什的首选，但他感到合适大选：

2001年9月11日之前，阿富汗作为基地组织的大本营，训练和部署了数千名杀手在世界各地建立了恐怖小组，包括我们自己的国家。由于我们采取了行动，阿富汗现在是一个正在崛起的民主政体。由于我们采取了行动，在一个国家里有超过1000万人登记投票，不久前它还被一个野蛮残酷的政权塔利班所统治。由于我们采取了行动，阿富汗成为反恐战争的盟友。由于我们采取了行动，许多年轻女孩第一次上了学。由于我们采取了行动，美国和世界更安全了。（布什，2004年8月26日）

虽然布什激励语气的使用在2004年大选期间达到了顶峰，但之后被迅速抛弃。但即使是在2004年，他的雄辩远低于总统的基准。布什不愿"走核武器道路"的一个原因是一种激励的修辞迫使人们进行抽象的交易——真理、正义、类似情况——而且哲学问题从来都不是他的强项。事实上，布什好像有点讨厌修辞——巧妙的比喻和那一套东西。取而代之的是，他不断地在寻找一个好的故事，有明确的情节主线，一个令人满意的结局。多亏阿什利·皮尔森，他找到了一个，就像2004年大选开始讲的那个：

上个月，罗德岛林肯城的一个女孩寄给我一封信。信的开头，"亲爱的乔治·W·布什。如果你知道，我，阿什利·皮尔森，10岁，能做任何什么事情来帮助任何人的话，请寄给我一封信，告诉我能做什么来拯救我们的国家。"她还这样做了补充，注："如果你能给部队发封信，请把'阿什利·皮尔森相信你。'"这句话写上。阿什利，今晚，你的信息刚刚传达到了我们的部队那里。（布什，2004年1月20日）

我们的数据表明，虽然布什经常在竞选演说时信口开河，但在大多数的正式场合他的举止更加谨慎，尤其是在正式的情况通报会上，他很迎合潮流，也许是因为他知道新闻媒体会研读他的每一个字。但在巡回选举中布什表现强劲。他从未成为华盛顿特区的真正主人，他觉得在那里不舒服，而在全国各地对他的问题进行竞选演讲时却感觉很自在。的确，2004年的竞选基于一天——2001年9月11日——而且那天主导了乔治·W·布什在选举期间说的几乎所有事情。这种方法非常适合布什这样的线性人，而且还显示，在承受巨大压力时，美国选民宁愿听到一个强大的故事而不是根本就没有故事。

回首过去，很显然，布什2004年的竞选纲领与约翰·克里的没有本质上的不同：既不知道如何赢得伊拉克战争，也没有一个拯救社会保障的计划，既不知道如何阻止全球变暖也不知道如何消除企业的不法行为。由于缺乏新鲜的想法，乔治·布什的纲领和他的修辞完全衔接了起来，一种讲述同一个背叛行径故事的方法，在他总统任期初期双子塔倒塌时，他就是这样说的："有时候我有点太迟钝……那是我母亲的遗传。""你始终知道我的立场，"他在另一个场合宣称。"你不能为我的对手而那样说。""如果美国在这些令人不安的时期显示出不确定性或弱点，"他警告说，"那么世界将转向悲剧——这种情况在我的手表上是不会发生的"。

鉴于布什的简历在2000年总统竞选时非常浅薄——一个逃过服兵役的年轻人，一个平庸的商业生涯，在其父亲执政时当过步兵，适度成功的州长——如果布什43任总统一职应该是什么样的，那他本应该是一个国内的总统。然而，历史进行了干预，他的总统任期成为国际的核心。911的恐怖袭击吸收看所有的政治氧气，恐怖主义开始主导布什的议程。尽管下面的讲话代表不了布什，但这就是大多数美国人忘不掉的乔治·布什：

随着自由在世界存在动乱地方前行之际，它再次遭到凶残意识形态的狂热追随者的反对。再一次，赌注是很高的。现在，如同那时，我们的敌人把他们的战斗作为对美国的信誉和决心一种试探。现在，如同那时，他们试图恐吓自由的人民，摧毁我们的意志。现在，如同那时，他们必将失败。（布什，2005年8月30日）

硬币的另一面

从上述可以得出3方面的结论：（1）布什先生有时使用夸张的语句，尤其是关于伊拉克和阿富汗战争，但是（2）这些是例外而非规则（3）我们的发现与大多数评论家的发现不同，他们严厉谴责了布什的过度行为。学者的共识令人印象非常深刻，我们还是引述了其中一些最好的：

- 布什，不顾及的人：他的言辞使得协商过程潦草结束，导致对其建议的优点缺乏争论，最终造成政策的不连贯。

- 布什，孤立的人：在西点军校演讲所表达的价值观对一些人来说似乎完美无缺，但另一些人指出，布什的整体世界观看起来似乎不需要寻求别人的理解——而且似乎无视国家的主权。

- 布什，加尔文主义者：布什在其盟约续签信息中的第二次世界大战类比鼓励美国人以对待第二次世界大战的那种绝对化的方式看待反恐战争。这样，总统的话语说明亚辛斯基所说的夸耀言辞的潜力是被用于"颠覆性"的目的。

- 布什，驱魔人：总统将自己定位为杀死神龙的圣·乔治。圣·乔治的盔甲后面是更熟悉的面具：耶稣会士——驱逐在伦敦的魔鬼或者部长们——追求与在撒冷的魔鬼签订契约。

- 布什，摩尼教徒：布什总统认为，世界和以前一样分为善与恶。人的性格与邪恶相对。政策合理性不是由于权宜的论证，而是由于形而上学的结束——由性格和信仰决定的。

- 布什，法西斯主义者：布什的言辞，如同法西斯主义的，是令人不信任的语言，他把语言简化为操控人的高谈阔论，他用代码讲话，他一遍遍重复相同的短语。这是基于反智主义和对民主以及理性论证的蔑视。

敢于说出如此一组令人印象深刻的看法令人生畏。毕竟，这些学者对布什过分严厉了，因为他们专心致力于多次的辩论，反对盲目的意识形态。但是学者们对布什公平吗？他们考虑到他语篇的完整性了吗？他们检查了他讲话的几段和几部分了吗？

为了解决这些问题，我们使用"用语"的能力来检查文本而不管其来源。我们确定了 11 篇最有深度的有关布什的言论的文章，尤其是专注于其战争期间的讲话的那种文章。从中我们把布什有关中东战争的所有直接的时事语录摘录出来。这就形成了一个 8507 字的样本，然后我们把样本交由"用语"进行分析。这样做之后，我们分析了我们的数据库里的 288 篇年布什关于国防的演讲并与 2 个数据集进行了比较。

原始的布什的激励平均值为 -1.10，摘录的布什的平均值 8.44——比标准差了 3 分还多。此外，学者的时事语录一直没有算上乐观态度，这是布什修辞的公共味道，布什就是用这些特性来使他的同胞在一个漫长而令人沮丧的战争中振作起来的。换句话说，我们的数据显示，这才是最常出现在美国人民面前的乔治·布什。

事实上，即使是布什最令人难忘的演讲——2001 年 9 月 11 日晚上做的——在我们的激励表上的得分是 1.69，但是"用语"对学者的演讲摘录的分析得分是 9.23。

诚然，乔治·布什经常是自己最糟糕的媒体代理人。而且他的形象经常超过他的现实，这是经常发生在这个国家的首席执行官身上的结果。不过，原始和摘录的布什之间的对比非常鲜明，让人想知道人们是如何处理同样一段话并得出如此不同的解释。根据"用语"的分析，下段语篇完美地捕捉了布什的战时套话，即使它与学者研究中所描述的布什有明显的差距：

我知道美国的伟大，因为我都是亲眼所见，我非常荣幸能亲眼所见。

我在关爱之军的步兵行列中看到了这一点，他们每一天都在给予仁慈和希望。我在普通民众的勇气中看到了这一点，他们在双子塔和五角大楼烧毁时，冲向了危险。我在失去亲人的军人家庭里看到了这一点。而且每一次我都被他们的英勇、坚毅、骄傲和对国家的热爱所感动和激励。（布什，2008年2月7日）

解释无法解释的布什

什么能解释我们的数据与大多数研究人员描述的乔治·W·布什之间的差距呢？这是一个真正重要的问题，一个具有政治和理论含意的问题。它是一个暴露你选择哪种认识论的问题，是询问政治历史怎么写由谁来写最好的问题。它是一个触及统计数据的价值和（缺点）的问题，是强调语言的五光十色本质的问题。它还是一个有关存在的问题：我们何时能相信自己的直觉印象，何时必须更加思考一番？为什么很难看出自身对政治感兴趣却容易看出别人呢？单词何时准确地指向人类的真理？它们何时把我们引入歧途？为什么解构一位美国总统轻而易举，而平静地检查自己的偏见却要付出那么多努力？我们的研究结果强调了许多矛盾——有学术的、政治的、人类本身的——但所有这些为应该如何研究政治提供了重要的见解。那就是：

1. 艺术与科学。这是在布什的案例研究中暴露最明显的对立。艺术对我们项目的攻击是直接的：把"意识形态"和"党派之争"这样复杂的事情简化为一系列词句是十足的简化论。假设单词——思想和感觉最基本的体现——是数量而不是质量，批评者可能会认为，这种说法从本质上就是谬误。他们会进一步观察，自动化语言分析对来自上下文的词语进行检查，人本身从来不做的事情。通过这样的实践，电脑对意义没有敏感性，因此对人类亦如此。

"用语"的答辩，如同第一章中提到的，是这样的：（1）包含在程序中的字典有很大的字面意义的有效性，对用户是完全透明的（2）程序在几分钟内检查成千上万的单词，不能被研究者的政治偏见或理论预期分心(3)对在不同时间、不同环境、不同说话人和不同地方使用的大量单词进行检查是从3各方面显示深刻的见解,这是人类观察员永远不可能获得的(4)作为一种解码机制,"用语"追踪微小的语言模式,即使是最精明的编码器也不能监视和控制的,但对修辞有相当大的影响。总之,"用语"是一个有限的方式,不过人类观察者也是如此。

2. 亲密关系与距离。"用语"的一个最大的优点也是最大的缺点:它使用户脱离了段落,揭露出非常多的数据以致很难看出其细微差别。相反,忠于原文的文本批评家调查段落的特有主要资源,这样甚至可以跟踪较小的具有灵敏性的语言现象。但是这里也有危险。由于沉浸在文本的细节之中,评论家做起了普通接受者从来不做的事情,因此会导致日常观众经历的那种暂时存在然后不见踪影的现象的泛滥。因此,对文本有大体的了解至少可以避免更多容易有的偏见。"用语"能帮助研究人员"退一步"。退一步在这个世界上是很重要的,普通民众每小时、每天、每周都面对铺天盖地而来的刺激,其中任何一种——或几种——都能形成他们的政治现状。因为听众记住的没有忘记的多,所以"用语"把事情保持在适当的、人类的视角上。

3. 语篇与政策。拒绝本章提出的这些论证的一个简单方法是提出这样的论述:词语是一回事,而钱、武器和权力完全是另一回事。不管布什先生说了什么,也就是说,他的所为,支持立法、签署行政命令、或任命联邦法官仍然是对他的意识形态倾向最好的衡量。从这个角度看,词语屈居于书写的法律、分配的资金和部署的军队。斯金纳(2008年)报道,乔治·W·布什把党派之争提升到了一个新的高度,至于他是否用语言表达了已无关紧要了(或"用语"的反对者可能也这样主张)。

另一方面,找到衡量学者意识形态的可靠指标对于学者来说一直很难。此外,由于所有的立法必须首先在公共场合进行辩论,所以语言不可避免地成了政策最后确定的帮手。总之,"用语"知道它所知道的,衡量它所衡量的。而且每次都是一样,这就为其他附属的评估提供了一个有用的基线。虽然很容易把词语看成没有什么价值的副产品，但是词语确实很重要，一个事实：乔治的"任务完成"演讲，布什本人曾经承认："我后悔说了我不应该说一些事情，如'死或活'和'尽管来吧'。我妻子提醒我，嘿，作为美国总统要注意你说什么"。

4. 描述与判断。电脑计数而批评家批评。他们检查文本寻找不对劲的地方然后发出警告。"批评家是铁路交叉口的铃发出叮当的响声，"克里斯托弗·莫雷说，尽管有时在徒劳地响，因为普通选民常常忙于自己的生活。"好的批评人士家是魔法师，使某个隐藏的弹簧意想不到地从我们的脚下弹出来，"弗朗索瓦·莫里亚克说，尽管人们并不总是对这样的迸发反应很好。"批评家的一个重要工作就是激烈抨击那些劣等和欺骗的东西，"苏珊·桑塔格说，尽管这样的判断常常被报以一个哈欠。然而，批评家的最好时刻，是成为开明的政体的重要保障。

电脑对这类事情一概不知。它们只是愚蠢地做他们被要求做的事情。它们分不开是与非也分不开优秀与平庸。它们可以计算一些事情但解不开大多数事情。最终，它们不比使用它们的用户聪明。但具有讽刺意味的是，这可以是传统的文本分析的助手。例如，你看见它就知道它是意识形态这是一回事，提前规定其范围和测量方式量是另一回事。批评家急于判断时，经常不能把其假设与其方法，把其数据与其主张联系起来。相比之下，"用语"做它接触到了一切事情并只能报告存在的事情。"用语"对困惑或假象一无所知，但它有一个异常的理解：10 比 6 多 4。

布什政府期间达到新的高度是完全有可能的，尽管他本人也可能抵制它。一届政府，里面有像迪克·切尼、卡尔·罗夫和唐纳德·拉姆斯菲尔德这样的好战分子，完全有可能使国家的道德刚性程度受到损害，即使他们鼓励布什要避免冲突。好警察也好坏警察也罢，这个剧情已经在过去的几届政府中表演了出来。例如罗纳德·里根在这种演练中机敏，在其追随者进行里根革命的同时他在振奋整个民族。这一点正如怀特和左格比所言："罗夫决心，不能像乔治·W·布什那样，小布什不应该做任何事情去动摇共和党在国内问题上的核心基础——尤其是税收。同时，罗夫确信，尽管关起门来布什将是一个很难相处的党徒，但在公开场合他不会使用严酷的口吻的，不像议长金里奇那样。"我们的数据表明，罗夫的策略可能一直贯穿于布什政府的执政之中，总统讲话审慎，其追随者讲话确定。

5．原因与结果。有相当多的间接证据，美国近年来见证了极端的党派之争。乔治·W·布什可能一直是这一趋势的一部分，但其他力量也可能参与了进来。例如马克·布鲁尔看到了选民本身的一些迹象："所有的证据都指向在普通选民中增加的党派之争的重要性。当然，个人似乎越来越有可能识别在有关问题上的党派分歧，经济平等，种族和文化问题"。芭芭拉·辛所观察到了类似的趋势，但认为政治精英是事情的中心："在20世纪的后半部分，国会沿着党派和意识形态的沿线极化。国会观察员和成员都抱怨激烈的党派斗争遍及华盛顿。总统可以指望反对党成员的支持越来越少，而且由于分裂的党派对国会和白宫控制的情况频发，他们的方案越来越难以通过。

换句话说，人们有可能"预先听到"布什的意识形态尽管他自己出言非常谨慎。是的，总统是有影响力的，但有时他们只是借助流行情绪的浪潮。乔治·W·布什是意识形态的捐赠者还是意识形态的接受者还值得进一步研究。

6．样品与人口。鉴于新闻版面已变得有多小，媒体的选择性是能够解释为什么布什已经被断定为思想家的。例如尽管布什总统讨论经济问题的次数是讨论恐怖主义的 5 倍，但这一事实并不是众所周知的。因为媒体特别关注包含明确的思想线索的"红肉"演讲，所以布什的一些言论——诸如那些有关恐怖主义的——可能在媒体报道和正式的学术文章中被过分渲染。对比了大众媒体引用和没有引用的布什的讲话段落。快速检查表明，"引用价值"源于演讲的思想线索，那些引起对流行的极化瞩目的线索。编辑这样的选择是可以理解的，因为他们帮助选民抓住问题的要害。但是，与此同时，这种选择性歪曲一个国家的总统。我们认为，那就是布什政府发生的事。

7. 数量与影响。通过汇集大量布什的讲话，我们认为布什的修辞胜过大多数学者。有些人认为这不相干，因为不是所有的讲话本身都是平等的。数百万人聆听的国情咨文肯定比200名勇士站在得梅因海外战争退伍军人协会外的雨中聆听的讲话影响更大。通过聚合这些讲话，"用语"暗示所有文本在某种程度上是等价的，从而忽视了它们的微分政治价位。相反，报纸报道它们报道的内容，学者研究他们研究的内容，因为他们可以从不相干的事情中挑出相干的。所以，许多学者已经把布什的911讲话进行了解剖并判断它是代表整个布什政府的轶事。

• 虽然批评我的战争决定或行为是完全合法的，但改写这场战争如何开始的历史是非常不负责任。关于我们开战的原因，一些民主党和反战批评者现在宣称我们操纵了情报和误导了美国人民。（小布什，2005年11月11日）

• 我们在国内辩论也必须公正。自由社会和我们的经济强大的一个标志是我们的政治领导人能公开讨论他们之间的分歧，甚至在战争时期。（小布什，2005年11月11日）

• 现在美国人民了解社会保障遇到严重的麻烦。他们希望华盛顿特区这里的人对这一问题做点事情。他们希望我们抛开党派差异和关注国家的利益。（小布什，2005年5月13日）

• 坦白地说，罗斯福做一个聪明的事，他创造了社会保障。这个系统对很多人来说意味深长。社会保障已经给数以百万计退休的美国人带来了内心的宁静。（小布什，2005年5月13日）

• 我对军队数量做出的决定是基于我们在地面上看到的进展情况和我们的军事领导人的建议，不是基华盛顿政客们设定的于人工时间表。（总统国情咨文，2005年12月18日）

• 所有在这一成中发挥作用的人——伊拉克人、美国人和我们的联盟伙伴——都值得骄傲。然而我们的工作尚未完成，在我们面前还有更多的

考验和牺牲。（总统国情咨文，2005年12月18日）

• 相反，我们确实采取了行动，这次经济衰退是现代经济历史上最浅的之一。一些批评人士开始发对减税，现在仍然反对。他们同意我们应该回到2001年处理事情的方式。他们真正的意思是他们想提高税收。（小布什，2003年9月4日）

• 国会恢复了工作，我们有很多事情要做。我期待与共和党和民主党人合作为经济的持续繁荣与增长设定框架。（小布什，2003年9月4日）

• 积极帮助我们需要帮助的同胞是富有同情心，坚持责任和结果是保守。

• 做一个自信的国家很重要。我对美国企业家和生产商在世界上的竞争能力充满信心。我相信我们的农民和农场主能够在世界上竞争。（小布什，2002年4月3日）

另一方面，我们知道没有有效的方法来评估一个轶事的代表性。我们所知道的是，当对布什288次的国防讲话一起检查时，他显露的思想性远不及他的前任。我们也知道，这些讲话的思想性是他的人类价值观讲话的六分之一，十分相当于他的法律和秩序的讲话。我们也知道他的低激励的讲话代表布什的程度是新闻报道和学术期刊节选的10倍。自然，"用语"的怀疑者会说，一些讲话比另一些更有影响力——不是经常看到、不是更容易记住、但确实更有影响力。但是影响谁了、影响什么了以及如何测量这种影响呢？《纽约时报》头版所描述的讲话无疑是重要的，但其重要性的另一半又是什么、又怎么衡量呢？

对这类事"用语"是不可知论者。它假设，数量和影响是独立的问题，在这类事情被分类之前，有足够多的描述性工作让人忙碌。如果可以提建议（不能），"用语"会因此敦促批评家更注重建立乔治·W·布什的事实模式。如表7.1所示，学者们宣布的布什"最重要"的演讲在激励得分上差别很大，因此布什先生是咆哮和怒吼地履行完了第43任总统一职的这个简单概论令人质疑。

表 7.1　乔治·W·布什作重要的讲话的激励得分。

日期	主题和地点	激励得分
2001 年 9 月 20 日	反恐战争宣布，美国国会	1.69
2005 年 1 月 20 日	第二次就职演讲，美国国会	10.94
2005 年 2 月 2 日	国情咨文，美国国会	10.41
2004 年 9 月 2 日	接受提名演说，纽约州，纽约	9.53
2008 年 1 月 28 日	国情咨文，美国国会	9.44
2006 年 1 月 31 日	国情咨文，美国国会	8.31
2004 年 1 月 20 日	国情咨文，美国国会	7.14
2002 年 1 月 29 日	国情咨文，美国国会	6.98
2005 年 6 月 28 日	反恐战争，布莱格堡，北开罗莱纳州	6.78
2007 年 1 月 23 日	国情咨文，美国国会	5.64
2001 年 11 月 8 日	国土安全，亚特兰大，佐治亚州	4.36
2001 年 1 月 20 日	就职演说，美国国会	3.72
2003 年 9 月 7 日	反恐战争，美国白宫	3.43
2002 年 9 月 11 日	911 周年纪念，爱丽丝岛，纽约州	3.36
2000 年 1 月 15 日	告别演讲，美国白宫	3.15
2001 年 9 月 14 日	911 纪念活动，华盛顿特区	2.91
2006 年 9 月 11 日	反恐战争，美国白宫	2.86
2003 年 1 月 28 日	国情咨文，美国国会	2.76
2007 年 1 月 10 日	伊拉克反恐战争，美国白宫	2.74
2001 年 8 月 9 日	干细胞研究，克劳福德，得克萨斯州	2.03
2003 年 5 月 1 日	任务完成，圣地亚哥，加利福尼亚州	1.94
2005 年 9 月 15 日	卡特里娜飓风，新奥尔良，路易斯安那州	1.90

日期	主题和地点	激励得分
2006年5月15日	移民改革，美国白宫	1.32
2007年9月13日	伊拉克反恐战争，美国白宫	1.15
2005年12月18日	伊拉克反恐战争，美国白宫	0.86
2001年10月7日	打击基地组织和塔利班，美国白宫	0.77
2005年7月19日	最高法院提名，美国白宫	0.39
2003年3月19日	入侵伊拉克，美国白宫	0.14
2008年9月24日	国家经济，美国白宫	-0.52
2002年10月7日	伊拉克战争，辛辛那提，俄亥俄州	-0.57
2001年9月11日	911恐怖，美国白宫	-0.76
2005年1月30日	伊拉克选举，美国白宫	-0.77
2003年3月17日	伊拉克最后通牒，美国白宫	-1.35
2001年2月27日	政府的目标，美国国会	-1.52
2002年6月6日	国土安全部成立，美国白宫	-2.24
2003年2月1日	哥伦比亚号航天飞机失事，美国白宫	-2.37
2003年12月14日	活捉萨达姆·侯赛因，美国白宫	-2.96

8. 独立与蔓延。本章的研究报告是在我们读了单独一份学术研究报告中的一个单句后受到激励而写成的。那就话是这样说的："布什的语篇显示了两面派大师的奥威尔式特点，把发动伊拉克战争说成是为了和平，把对伊拉克的占领说成对它的解放，把摧毁它的食品和水供应说成是实现'人道主义'的行动，把杀戮无数伊拉克人和毁灭这个国家说成是产生'自由'和'民主'"。我们本能地怀疑这一说法，因为它看起来如此过分的劳累。但当我们阅读更多的文献时，很明显，柯尔尼在为许多学者讲话，尽管大多数在阐明他们的观点是不大会引起争论。

但是什么激发了这种知识分子的异口同声呢？案例中的原始事实吗？

相同的知识分子的禀性吗？对政治的一统体系持有相似的立场？存在一个"无形学院"指导批评家理解修辞的可接受性？这些都是可能性，而且的确如此：研究人员无法把自己与民意的潮流；夸大的国家新闻对学者议程的影响；关于共和党的保守派在学术期刊上什么能说什么不能说的一套不成文的规则分开。

9．论证与语气。虽然不大可能，但这一点是可能的：我们对布什和来自批评界的那些人的分析都是正确的。这种愉快的选择是这样的情况：论点和语气，思想和选词，是截然不同的现象。"论证"是两个或两个以上的参与者之间的知识交流，在审议某个政策事宜是进行哲学假设的对比。相反，"语气"是对行为的现象的指涉——口语或书面语——与产生它们的思维世界没有同构的关系。接受这些区别，你就可以想象乔治·W·布什是一位理论家，从哲学上讲，谁能在公共场合隐藏这一事实。

从理论上讲，推行这种区别也许可以，但做起来结果会怎样呢？在日常世界里，似乎想法只存在于接触到的实际事物——艺术、音乐、建筑、诗歌、演讲。在表达出来之前，想法只能飘荡在柏拉图的本体领域里，一个不太可能完成世界工作的地方。因此，我们很难想象乔治·布什是一位理论家，除非他选择的语言在某种程度上暗示了这种品质，凭经验是可以测量这些选择的。我们怀疑隔代理论家是不可能存在的理论家。

然而，所有这些问题都值得探索，我们鼓励那些探索。我们主要呼吁更大的学术多元化，让百花齐放。我们特别敦促批评家对修辞行为的社会科学研究更加好奇，不是因为他们提供更多的真理，而是因为质疑现有的答案并提出新的答案。

结论我们这里没有乔治·W·布什的简报。他充其量是一个二流总统，却在执政的9个月里就蒙受了命运的各种力量的严酷打击。他并不很有才气，当然更不雄辩。这个隔代继承人，布什持久的贡献似乎是一种危险——工业化的西方与伊斯兰国家之间恶化的紧张关系。他希望能有一个更好的遗产。但是，从我们的角度来看，布什的遗产是这样的：他用其猛烈的拳击、用节俭的理论修辞、更大程度上出于实际的原因，应对了其时代的各种复杂局面。他的修辞是一种谨慎的语气。

在修辞上，布什先生既不直来直去地党派性也不信口开河地理论性，他比1948年到2004年之间竞选总统的其他政客谨慎得多。从这个意义上说，布什可能是一位"幕后黑手总统"，在公共场合亲切和蔼，在幕后则大相径庭。正如我们所看，这样的不一致说明（1）修辞和政策经常是背道而驰（2）媒体有时追求自己的议程而忽略基本的事实（3）一旦总统的形象确立，就拒绝被否认。至少，这些命题有助于进一步调查。

有时，对相互矛盾的数据最吝啬的解释是最简单的。这是我们的结论：乔治·W·布什是一种适应性的动物——有时是党派的，有时是思想性的，但大多时候是谨慎的。他跑向右翼为了2004年再次当选，但之后变得更加谨慎（除非谈到国防）。总之，我们的数据显示布什是一个聪明的政治家，懂得人类情感的人。他的政治技能被大多数人忽略了，但是有几位评论家指了出来：

• 布什总统在讲话和与公众互动时没有古板的贵族样子；相反，他经常自我贬低以营造一种自来熟和易接近的印象，即他只是一个普通的人，偶然担负起了一个个非凡的工作。

• 布什摆脱麻烦的原因之一是他不做增添这些麻烦的事情。他接受打击，坚持到底，努力前行。要想成为一个好总统，你必须是一个好的政治家，布什做到了。

• 这位总统有一系列人际天赋，很适合这种无畏——奔放、纯粹的品质，最适合穿行于不同类型的人之间，寻找将形成原则的那些纲要。

可能这些观察员误解了布什。也可能这个单词计数程序无法捕捉像政治意识形态那样强大的东西。更进一步的可能是布什刻板印象是真实的，这里报告的调查结果被误导了。我们的辩护是，我们问这个问题：一个人讲话，如果没有坚强的语言或润色的篇章，没有热烈赞扬神圣的传统和国家的选民，能说是有思想性吗？我们认为没有。虽然"用语"只是一个计算机，但它准确地计算它所计算的，而且它计算的是很重要的。我们的数据显示，乔治·W·布什是一个熟练的政治家，他用结构性的方式处理复杂事件。别人的意见相反，但我们支持这一结论。

第八章
缺乏经验与睦邻的语气

巴拉克·奥巴马的一切都是新的。他是第一个不是出生在美国大陆的总统，第一个多种族血统的总统，第一个非裔美国人总统，第三个从事职业专业的人，最年轻的总统之一，第一个同时通过主要的医疗和金融改革法案，第一个没有在两场战争中服兵役的总司令，第一个获得诺贝尔奖的现任总统。在重视足球和棒球的政治机构中，奥巴马是第一个能表演像样的篮球跳投动作的首席执行官。

奥巴马2008年的总统竞选也是新的：第一个在初选中就战胜了一个有希望当选的女候选人，第二次在大选中面对一个由一位女性组成的团队。他的竞选运动是第一个筹集5亿多美元的运动，他是第一个综合地使用脸谱网、视频网站、博客、播客和推特网的人。人们对奥巴马的新奇的兴趣从未减弱，2004年有3840万美国人观看他的政党代表大会演讲，是观看约翰·克里演讲人数的2倍。在2008年竞选运动期间，新闻报道飙升，福克斯新闻比上年增加29%的收视率，美国有线电视新闻网比2007年上升了44%。

2008年大选事宜也是很新奇——气候变化、移民改革、同性婚姻、华尔街法规。但真正控制现场的人是巴拉克·奥巴马。《华盛顿邮报》的戴维·布罗德在 2007 年 12 月看着人们依次走进得梅因会议大厅参加奥巴马政治集会,他就知道会有特别的事情发生。布罗德说:"这太惊人了,离选举日几乎还有一年的时间,18000 人就已经放弃了他们的星期六购物时间站着(那里没有椅子),听一个小时的政治言论。在我 40 年来报道的所有 8 次爱荷华州的政党基层会议的竞选运动,我从未见过这种情况。实际上,从我作为政治记者第一次报道竞选运动以来,那是 1960 年肯尼迪与尼克松的经典对决,我就没有看到过选民这样的激动。"

奥巴马是新的,也就是说他缺乏经验。初选期间,约翰·爱德华兹认为奥巴马的浅薄简历不会在爱荷华州战胜他的,希拉里·克林顿也评论说他在外交政策方面的幼稚是危险的。在大选期间,奥巴马先生的竞选搭档,乔·拜登警告说,因为他缺乏经验他将被外国领导人"测试",这一意见导致了拜登和奥巴马"在电话里的一次寒冷谈话"。在选举日,很多选民担心的问题是:奥巴马能克服他在政治上像约翰·肯尼迪那样的不成熟吗?或者他会像吉米·卡特那样是一个不知所措的人吗?

本章我们的重点是巴拉克·奥巴马怎样应对缺乏经验这类挑战的:他有过竞争其他政治职位的经历,但没有竞选有一天他可能成为总统一职的经历。做这个论证,我们没有用传统的方式来解释奥巴马的成功。例如许多观察人士称,奥巴马的吸引力在于他向选民提供的未来,但我们发现他相当现实。还有人说,奥巴马为听众描绘绚丽的图片,但是我们发现他非常愿意用线性描述。我们的基本观点是,奥巴马竞选时利用了他作为社区组织者的背景,但他是以特别严格的方式这样做的。

两年后,奥巴马先生的魔力似乎正在消退。用一位政治顾问的话说,他"失去了叙事",也许是因为他放弃了在竞选中与美国人民产生非常强烈共鸣的那些品质,另一种可能性是,他缺乏经验,曾经迷人,最终失去了吸引力。毕竟,椭圆形办公室不是竞选活动。它有自己的特权和必要条件,奥巴马不得不学会处理这两个方面。结果:2012 年的选举来临时,奥巴马的语气仍是一项正在进行的工作。这里我们对此进行了追踪。

诞生于时代的语篇

随着时代的变迁，党派竞选活动发生了巨大的变化：它们已经变得更加昂贵，党派之争日趋严重；候选人现在必须应对媒体框架和媒体启动；选民投票率变得难以预测；而且特殊利益集团——美国政治行政委员会，527集团等——在传播反广告方面变得敏捷熟练。总统竞选活动时间也延长了——奥巴马的竞选活动于2006年的夏天开始到总统宣誓就任，大约30个月。这样一个排得满满的时间表加快了候选人的成熟还是把他变成了只是一个消息机器？初选的言辞与大选的言辞相比失去了价值还是独具特色？媒体的压力、政策议程、流行的观点或特殊的力量会预示竞选演讲将讨论什么问题吗？我们在评估2008年竞选活动时涉及了所有这些问题。

这次竞选活动极其严肃，主要是，发表的演讲是自1948年以来时间最短的。那段时间很艰难，候选人直接谈到问题，尤其是国家的财政状况。请注意，下面的段落是从奥巴马和麦凯恩的讲话中摘要的，几乎可以互换。好像都是针对第三候选人——经济——而说的，而且他们战胜它的把握也很有限：

现在，我知道时世艰难。我知道时世艰难。内华达州这里时世艰难。全国各地的时世都艰难。密歇根州艰难，俄亥俄州艰难；宾夕法尼亚州艰难；我的家乡伊利诺伊州艰难。我知道时世艰难，我不会假装我们所需要的改变会不付任何代价垂手而得的——不过，我要告诉你们，我保证我们能以财政上负责任的方式支付我提出的每项计划，以便我们不会将债务加在我们的孩子和我们的孙子身上！（奥巴马，2008年9月17日）

我的朋友，说话直率一点——说话直率一点。这些都是艰难的时刻。今天，就业报告是另一个提醒，这些都是艰难的时刻。威斯康星州有艰难时期，俄亥俄州有艰难时期，美国各地都有艰难时期。你们担心能否保住自己的工作和找到一份新的工作，担心能否努力有饭吃和待在家里。你们任何时候对政府的要求都是支持你们，而不是妨碍你们。这正是我打算做的事：支持你们，为你们的未来而奋斗。（麦凯恩，2008年9月5日）

4年前，情况不同。言辞也不同——更乐观，更豪爽。在下段讲话中，乔治·W·布什主要用基本色彩描绘一种情景：

你们帮助人们意识到这个成功。成为美国梦的一部分一定是一种奇妙的感觉。看到有人走进自己的家门，感到拥有的自豪，该有多高兴多豪迈，这种奇妙的感觉说给儿子或女儿听：这是你的房间，这是我们的财产。所以我想谢谢你们，非常感谢你们所做一切。我要感谢你们帮助我们的经济度过了一些艰难的时期，帮助这个国家踏上了具有光明未来的希望之路。我很欣赏你们的努力工作，很欣赏你们的乐观，很欣赏你们对美国的热爱。

（布什，2004年10月2日）

先前的研究表明，媒体报道比政治语篇悲观的多，的确如此。记者认真地扮演着第四等级监护人的角色，卢克称，他们有时使用一种"人造否定"的手法无事生非以便保持他们看门狗的作用。我们的数据显示，媒体忠实地履行着那种功能，但它们也显示，候选人和记者之间的"乐观缺口"在2008年明显缩小。虽然从1948年到2004年候选人和新闻媒体之间在乐观态度上有明显的统计差异，但这种差异在2008年急剧下降。

那次竞选活动期间，奥巴马和麦凯恩都以冷静、分析的眼光看待这个国家面临的那些问题。10月20日奥巴马在佛罗里达州的坦帕说，"我们所面临的经济危机是大萧条以来最糟糕的"。他继续说，"大小型企业都感到无法获得贷款，这意味着他们无法购买新设备，无法雇佣新员工，甚至不能给现有的工人发工资"（奥巴马，2008年10月20日）。美国人不习惯这种赤裸裸的详细描述，特别是从党派候选人那里，尤其是在投票的前两周。约翰·麦凯恩表现与奥巴马相似。尽管他开始竞选时比奥巴马更乐观一些，但到了9月中旬，这两位候选人的语气协调一致了并保持的密不可分，直到选举日。

我们的数据还显示，2008年的竞选活动见证了"竞选测量工程"所记录的使用激励语气的最低分数。结合我们有关乐观态度的调查结果，许多问题展示了出来：美国党派的竞选运动怎么缺乏说教术呢？他们那么多的市民同胞需要推动时，候选人怎么能抑制溢美之言呢？怎么能没有开国元勋的祷文呢？怎能没有引用"拥挤的大众"或"美国工人的基本尊严"呢？关于"改变"的讲话听到了，但这个词属于没有政策细节的空中楼阁。

　　我们已经发现在过去的半个世纪里激励语气在稳定下降，在理查德·韦弗所说的美国演讲术"宽敞度"的下降。造成这种情形的原因很多。例如电视时代的兴起可能压制了自负的言论，候选人现在听命于贾米森所说的亲密媒介的"会话"要求。同时，美国社会多样性的增加可能使引用一个神或永恒的真理的用法过时了。现代性可能也使得过分渲染的语言——"一个美好伟大的国家""卑鄙的敌人"——越来越变成了古董。不管什么原因，选民在2008年听到了不加渲染的语篇。

　　不使用激励语气也可能是候选人自己的一个职能：奥巴马，拘谨的律师，麦凯恩，追逐实际利益的人；奥巴马，学院的产物，麦凯恩，职业军官。但时代也要求谨慎。发明了汽车的国家不再购买汽车；设计第一个硅片的国家会发现几乎没有新设备能用上他们的硅片；熟悉的企业——利纳斯（家居装修零售商），富乐客（体育用品网络零售商），牛排加啤酒（休闲餐饮饭店连锁店）——正在被完全关闭，尤其令一个科技国家震惊的是，美国电脑（公司）和电路城（公司）也在关门闭店。安·泰勒（美国女装品牌）、家得宝（家装与建材零售商）、更清图像（电子和礼品产品零售商）、甚至星巴克（咖啡集团公司）也明显减少他们的专卖店的数量。这类新闻在2007年开始泄漏，一年后成为洪流。因为大选开始发挥作用，候选人进行相应的调整，大大增加他们的现实性分数，避开抽象，关注美国人民所面临的现实世界的沧桑。

　　我们的数据也显示出在坚持性上增长的时间过长，坚持性是一种得心应手的测量法典约束和坚持日程的方式。这里的假设是，重复关键词（都是名词或由名词转换而来的形容词）反映了更喜欢对问题有限的讨论。换句话说，初选鼓励候选人涵盖各方面的主题，而大选要极好地集中他们的注意力。此外，一旦进入大选，候选人的时空比率显著增加，尤其是奥巴马明显地转向了时间语言。累积的结果：竞选成为焦点而且节奏变快，奥巴马和麦凯恩之间的时空比例是1948年到2008年间最高的，坚持性得分第3高。因此，候选人既没诗意也不悠闲。他们对中心思想唠叨个没完没了。巴拉克·奥巴马唠叨的最经常：

我有一个与约翰·麦凯恩不同的经济哲学——我相信建立一个强大的中产阶级是使我们的经济强劲的关键。这就是当我是美国总统时我们要做的。所以，是的，我们将创造数以百万计的新就业机会，是的，我们要把更多的钱放回到勤劳家庭的口袋里。（奥巴马，2008年10月20日）

根据我的计划，如果你一年挣不到25万美元——包括98%的小企业主，你不会看到你的税收单增加一分一毫。你没有工资税，没有所得税，没有资本利得税——什么都没有。该让中产阶级喘口气了，这就是我要作为美国总统要做的。（奥巴马，2008年10月18日）

但是如果你想要真正的改变，如果你想要经济给工作有所回报，想要经济为小城镇和华尔街服务，如果你想要中产阶级的减税和数以百万计的新就业机会；如果你想要你能负担得起的医疗保健和帮助你的孩子去接受有竞争了的教育，那么，我请你去各家敲敲门，打几个电话，与你的街坊邻居谈谈，投我一票。（奥巴马，2008年10月25日）

一般来说，2008年的竞选很有特点：候选人有节制，其乐观态度比起2000年和2004年候选人的乐观态度，低于完整的标准偏差。他们还避开了激励语气，以更务实的语篇取而代之。与初选相比，奥巴马和麦凯恩在大选期间都过分地被使命驱使。毫不奇怪，竞选结束后选民们欢呼庆祝，要么因为他们的候选人赢得了总统选举，要么因为2年的选举折磨终于结束了。不过他们的庆祝活动是低调的，许多选民就如同候选人那样冷静。对许多美国人来说，2008年是艰难的一年，接下来的两年也几乎没有给他们一点喘息的机会。奥巴马的修辞正是在这些艰难时期塑造的，但是也有其他因素在起作用。

诞生于人类的语篇

在 2008 年期间，许多美国人被巴拉克·奥巴马所打动。他在 2008 年 3 月做的竞选演讲被宣布为经典的瞬间。他 8 月份接受党内提名与大会本身精致的舞台技术相匹配。据说他在大选之夜在格兰特公园对大约 25 万人做的庆祝演讲是近年来最强有力的。但是奥巴马的口才也有一些奇怪的东西：对许多人来说一个罗夏测验——人们看到了他们想看到的东西，更公道地话，他们加班加点研究以捕捉它的本质：

• 辅导的语气：我们都停下来听他解释这个极其复杂、敏感的话题。这是一个教学的时刻。他一直非常擅长这一点。并非所有的总统都是好老师，但是他已经显示出了这方面的巨大潜力。（特德·威德默，援引于西利，2009 年，第 30 段）

• 谨慎的语气：【奥巴马】越来越广博而令人印象深刻，填补了美国人荒唐的希望，即使他警告他们不要期望得太多太快。甚至奥巴马的谨慎——白宫明显缺少了 8 年时间的一种物品——使人民充满了乐观态度。

• 记者的语气：此外，奥巴马的演讲还一直与众不同，生命力超出了演讲的时刻……。奥巴马已经掌握了表演角色和更多的东西，因为他的主要演讲是为了阅读而写，不是仅仅为了观看和听。

• 口头的语气：我认为巴拉克·奥巴马比其他任何政治家都能体现美国口才的典范。我一直在仔细地对他的演讲原文进行阅读。文本本身并不能告诉我们为什么演讲有如此强大的影响力，问题在于说话的语气。

一位评论员在试图解释奥巴马的吸引力后完全放弃了。"巴拉克·奥巴马占据的这个领域是没有人熟悉的，这是个最初的空间"。

"用语"程序不能测量这个最初的空间，但它可以告诉我们，巴拉克·奥巴马在共性得分上是过去的 60 年中最高的总统候选人。把这个数据与其低于正常值的乐观态度和高现实性分数相结合，他的竞选广告词一目了然："时世并不乐观，我们身上承担着战争和经济的压力，我们必须相互支持。"

在2008年大选期间，尽管所有评论员都在专论"希望"，也就是说，是共性而不是不乐观态度在推动他的竞选。在自1948年以来竞选总统的23个主要党派候选人中，奥巴马的乐观态度的得分是倒数第三，只有乔治·麦戈文和巴里·戈德华特更低。然而在共性上，奥巴马比其17位前任高出一个标准偏差，比其余的5位（阿尔·戈尔除外）高出半个标准偏差。总之，奥巴马的竞选广告词直接谈到国家的问题，涉及人民自己——在他们的小城镇，在他们的教堂和工会大厅——目的是把他们解脱出来。

对奥巴马方法的这种解读揭示了他在芝加哥一个社区组织者的背景，一份与人民打交道，向他们提供解决问题方法的工作。语言学家乔治·拉考夫说，奥巴马有同情心，能够"把自己放在别人的位置上考虑问题，用他们的视觉看世界，因此关心他们。"心理学家大卫·温特说，奥巴马的能量源自其"高归属"的需要，而政治学家托马斯·达姆说，"奥巴马强调他自己是如何体现所有种族的，实质上是他如何适应种族后时代的。"对奥巴马的策略有一种更实际的解释：他用其作为社区组织者的经验来克服其作为国家领导人的经验不足。

但是，如果奥巴马的语气中有特殊的魔法，这就是他把共性和现实性相结合，他能使当前问题解决方案的"本地化"。他的方法源于其以前工作所走过的街区，源于其走访的家庭，源于其所遇到的人给予的帮助。他吸取2008年竞选期间每天遇到的那些人的经验，最终设计出一种平淡无奇的口才，具有3个子属性：

• 历史的弹性：这一次——这次选举——是我们站起来并说个够——说个够。我们——丹佛，我们能做到这一点。我们能这样做是因为美国人以前曾这样做过。一次一次，我们从逆境中奋争地走了出来，认识到我们相互的成功有着共同利益。这就是我们的经济为什么不只是世界最大财富的生成器，它已经把我们作为美国人而结合到了一起。它已经创造了工作岗位，它已经使一代又一代美国人寻求机会的梦想变成了现实。（奥巴马，2008年9月16日）

• 卓越的能力：当美国人民决定，现在该是真正地改变美国的时候时，什么也不能阻止他们。什么也不能阻止美国人民携起手来团结一致：无论黑人、白人、拉美裔、亚裔、印第安人、年轻、年长、富有、贫穷、民主党人、共和党人和独立派，我们决定我们将改变这个国家，以便给我们的子孙一个更好的生活。（奥巴马，2008年9月12日）

• 社会的灵敏性：这个国家的每寸土地都没有真假之分。这个国家的亲美和反美势力也没有把我们分开——我们都热爱这个国家，无论我们住在那里，无论是哪的人。有支持伊拉克战争的爱国者，也有反对这场战争的爱国者；他们相信民主党的政策或相信共和党的政策。那些在战场上服役的来自内华达州和全美各地的男人和女人可能是民主党、共和党和无党派人士，但是他们在同一面旗子的指引下并肩战斗，一起流血牺牲。他们不是在为红色美国或蓝色美国服务——他们是在为美利坚合众国服务。（奥巴马，2008年10月25日）

扎迪·史密斯说，奥巴马把语言学的家族结合起来的能力是他的明显长处。史密斯尤其对奥巴马的经历和情感使人们想起来的很多相关的事有深刻的印象：

在整个竞选过程中，奥巴马小心翼翼，总是说我们。他对说"我"字非常谨慎。他这样做，并不是简单地避免他没有感觉到的一种唯一，而是把我们吸引到他那里去。他竟然提出，即使你从他们的脸上看不到，大多数人也是来自梦想城市。我们大多数人有一些弄不懂的往事、杂乱的历史、各种各样的故事。

对奥巴马来说，援引我们人类共同的棘手问题作为事例是一个危险的策略。他的敌人抓住了这种引用的不精确，强调这是外来的非美国人性质的梦想城市，这个不明确的地方，你可以在同一时间来自夏威夷和肯尼亚，堪萨斯和印尼，你可以像街头皮条客那样花言巧语欺骗也可以像参议员那样演讲。那是一个什么样的疯狂地方？但他们低估了有多少人来自梦想城市，有多少美国人在日常生活中想起决然不同的声音并寻求在不同的东西之间有一个综合体。结果，梦想城市并不奇怪。

奥巴马的竞选演讲也体现了其紧迫感，这是彻底的现代主义者的自然语言。专栏作家 E. J. 迪翁指出，"在过去的两年中，任何人都难以在哲学上把巴拉克·奥巴马驳倒……他对意识形态的引用是非常轻蔑和不屑一顾的。在讨论他的经济刺激一揽子计划时，他说用新增多少就业岗位和使经济发展有多快来判断他的提议，其他判断标准都是不可接受的。"奥巴马的实效主义或许最引人关注的是它对人有强大的感动力，甚至如有些人说的，在心灵上受震撼。

"用语"程序无法解释这样的复杂反应。它只注意到人们的选词。这就需要一个如同托马斯·帕兰马的敏感观察者来阐明奥巴马的语言上层建筑。帕兰马说，正是奥巴马的讲话韵律，其抑扬顿挫的节奏，使他把平凡的主张变成了动人的演讲。帕兰马说，他的"节奏模式……令人欣喜，继承了蓝调、福音、教会讲道、字段引用和响应、说唱和嘻哈的传统方式。它们源于对我们是如何听语篇的长期关注，不是如何从书本中学到的，它们源于对语篇如何打动思想的关注。"

根据大卫·博德的观念大量的修饰语降低了人和物质作用的重要性，所以"减缓"了一个口语段落，我们对奥巴马使用修饰语的情况，形容词和动词的简单比例进行了跟踪。可以看到，奥巴马使用的词汇最少，坚持使用没有修饰的名词，没有修饰的动词。（在一定程度上这可能是为什么他的竞选工作人员经常把他称为"没有戏剧性的奥巴马"。）奥巴马的讲话是一种断续的语气，推进的语气，可以把一个简单的短语转化为加速的系列语篇。当段落里组成部分分离出来并连续说出时，这种方法构成的口才便凸现出来：

人们可能已经拿出信用卡来维持生计。

如果他们生病了，这就是他们试图应付的方式。

但现在他们意识到前期优惠利率的零百分比已经飙升至 28% 或 29%。

他们已经落后了。

我们现在的破产率比我们在一个年代里所见过的要高。

所以节省更难。

退休更难。

很难弄清楚如何送孩子上大学。

人们在挣扎。

而且不只是眼前的挣扎。你们知道，与约翰·麦凯恩的顾问说的恰恰相反。

美国人民不是牢骚者。

人们愿意忍受很多。因为我们是一个自力更生独立自主的民族。

所以我们不指望政府来解决我们所有的问题。（奥巴马，2008年9月8日）

约翰·麦凯恩不可能截然不同。在很多意义上，他是一位来自旧学校的"政客"，他竞选总统的基础是他的个性和传记，而不是坚定的意识形态。他也是一个情绪化的人，有脾气，但总是能抑制住鲁莽。这些特性使得麦凯恩喋喋不休，但这也给了他一种即刻吸引人的感觉。奥巴马的讲话以5个词为一组迸发而出，而麦凯恩则扩张多，使其观众不得不听完繁杂的修饰语。结果通常都是值得的，因为麦凯恩一直都是丰富多彩的，而且对此也赏心悦目。

麦凯恩的竞选活动也是他的传记。在这个意义上，他和其对手正好相反：奥巴马不得不为其政治的无经验做出补偿，而麦凯恩强调其参议院领袖的地位，一名战争英雄和消息灵通的政治学者。结果：他使用的自我指认比奥巴马使用的多很多。弗赖认为，麦凯恩选择这个战略有两个原因：（1）希拉里·克林顿在晚些时候的初选竞争中以关注奥巴马的经验不足的方法以8比4获胜（2）麦凯恩自己的问题定位无可否认地与当时的流行情绪相脱离。这种微积分最终决定麦凯恩应该强调他的个性，这可能是他喜欢市政厅格式的原因。在那里他可以强调其当过战俘的背景，一个擅长建立跨党派联盟的人，一个喜欢实用主义胜过意识形态的人。所以他的竞选展现的是他自己，没有使他成为一名好莱坞的原创人物。

奥巴马很少随意讲话。他用第一人称复数而不是单数讲话，而且尽管他受过常春藤联盟教育和具有谦虚谨慎（有人说专业）的态度，但他总能和觉得不被人接受的人交往上。因此奥巴马的方法与传统的标准——头脑冷静但友好，清醒而现实相比令人感到不解。也许这种奇怪的方法不应该奏效，但是，时代、奥巴马的人格形象以及共和党的遗憾状态却使它成功了。但是，他的缺乏经验不可避免地给他带来不好的影响，奥巴马不得不重塑自己。

诞生于官职的语篇

美国总统的职位比有工作的人要大。官职显示其主人，至少在某种程度上是这样，巴拉克·奥巴马也不例外。我们的研究表明，在竞选后时间里由于他履行新的政治职责使他在用词上有许多变化。修饰类的词既不常见也不重要了，但学者们注意到了这类词的过去。奥巴马总统的新工作使他在选词的很多方面但不是全部发生了变化。

奥巴马的激励语气大幅增长而现实性下降。这使得他在开始谈论美国的基本价值观时听起来更哲学而不实际。奥巴马先生的乐观态度也在他为一个陷入困境的国家展示新的前景时增加了。毫不奇怪，他的自我指涉也下降了，没有在竞选讲演时愉悦了，也许是因为礼节对现任总统的要求。奥巴马的装饰分数也略有增加，改变了一个人使用朴实的句子。总之，总统职位让奥巴马更神谕——不是一个真正的教皇，也不是一个蛊惑人心的政客，而是一个变得习惯于讲价值哲学的人。正如法恩曼指出的，"像里根一样，奥巴马享有一种（公共）舞台上名人的舒适感，坚持按照原稿讲话的信念，相信从雄伟的讲台讲出去的文字具有力量。他还享有里根对政治故事力量的尊敬——里根，因为他曾是一个演员；奥巴马，因为他是一个作家。"

在发生这些变化方面，奥巴马经常与他的前任相似。他们上任后也变得更加激励了，尽管与奥巴马相比稍有逊色。他们也不常提到自己的信仰和经验，而对自己讲话多了一些润色。如同奥巴马，作为首席执行官讲话时，他们探索更多的抽象概念，导致他们的现实性得分明显下降。这个群体的这些变化反映了就任美国总统以后的角色改变，希望他们不要凌驾于听众之上来"履行"自己的官职。

奥巴马的一些变化很明显，尤其是他突然偏爱激励语气。这种解释似乎显而易见：在就职典礼那天，奥巴马面临着前所未有的国内挑战，甚至他试图找出如何逐渐结束一场战争（在伊拉克）和赢得另一场战争（在阿富汗）的办法。如同肯斯基、哈迪和贾米森报告，重大新闻消费者在2008年的选举期间痴迷于经济（事情非常利于奥巴马），但在接下来的18个月里，这些新闻不再盛行，所以政治潮汐转向了。奥巴马很快面临一股骇人的政治力量，在中期选举之前的两周他在克利夫兰做的一次演讲证明了这一事实。那次讲话展示了新的奥巴马——一些判断性舆论提供了有力的论证：

这个国家就要出现一个有史以来令人难以置信的困难时期——一个不负责任的时代，从华尔街延续到华盛顿，而且对很多人造成了毁灭性的影响。我们已经开始从那个时代转危为安。但前进的一部分是返回到历史悠久的建设这个国家的价值观上：勤奋和自立；对自己负责，也对彼此负责。它是关于从一种态度即：说"这里面有我的吗？"到问："什么对美国最好？什么对我们所有的员工最好？什么对我们所有的企业最好？什么对我们所有的孩子最好？"（奥巴马，2010年9月10日）

克利夫兰的演讲揭示了其他两个奥巴马的语气变化。奥巴马就任总统后，他的乐观态度上升了，共性下降了一点，一种奇怪的并列。这两种本能——在恢复元气中展望新举措——在讲话中相互对抗并减少了其鼓舞人心的能力。其结果是奥巴马似乎就要被其对手缠住了：

但尽管在我宣誓就职的那个月国家又有近80万人失业，但是我的最紧迫任务是阻止金融危机并防止经济衰退成为第二次经济大萧条。俄亥俄州，我们已经做到了。经济再次增长。金融市场已经企稳。私营行业连续8个月创造就业机会。而且大约有300万的美国人因为我们实施的经济计划现在找到了工作……。【然而】几周前,众议院的共和党领袖来到克利夫兰,对我们艰巨的经济任务给予了该党的答复。现在,如果他承认该党在执政的8年中犯了错误,如果他们离开一会儿,坐下来想想,然后回来,提出一个可靠的新方法来解决我们国家的问题,这也是一回事。但是这回事并没有发生。博纳先生那里没有新的政策。没有新的想法。(奥巴马,2010年9月10日)

这种方法与美国人在2008年的秋天已经知道的奥巴马形成了鲜明的对比。据艾维和吉纳称,那个奥巴马"流露出多元化、回避了那种僵化意识形态的傲慢并放弃了施行狭窄的国际性准则的自负。"据墨菲称,对奥巴马,这位竞选活动家来说,"在【任何】两种对立的命题之上总有一个超然的一致点"。甘恩认为,奥巴马利用共性把他与一个典型愤怒的黑人区分开;特里尔认为,它让美国看到自己作为一个联盟而不是真正地统一;鲍登认为,它让奥巴马成为韦伯式的领袖,其魅力取决于有亲和力的本能。

但这个奥巴马成了很难找的总统,好像他就任总统的经历压倒了其早些时候迷人的经验不足。诚然,他的共性分数仍高于他的前任,而且他仍然尝试"扩大美国国家身份的界限"。我们在他的克利夫兰的演讲中发现那些陈词老调,但是它们再一次被不和谐抵消掉了:

今天我们在这里因为在最艰难的时期,在我们之前来到这里的美国人拿出了美国最好的东西。因为我们的父母,我们的祖父母和我们的曾祖父母都愿意为了我们而劳作和牺牲。他们愿意冒大的风险,愿意面临巨大的困苦,愿意得到一个能给我们更好生活机会的未来。他们知道这个国家比各部分的总和要大——美国不是为了实现任何个人的野心,而是整个人民的愿望,一个完整民族的愿望。这就是我们。这就是我们的遗产。我相信,如果我们今天愿意召唤这些价值,如果我们愿意选择希望而非恐惧,选择未来而非过去,并再次凝聚在一起为了民族复兴的伟大工程,那么我们就会恢复我们的经济,重建我们的中产阶级并重申下一代人的美国梦。(奥巴马,2010年9月10日)

政治如果不是辩证的就失去了存在的意义。正在他吟咏这些话时，南希·佩洛西也在告诉他把做好任用共和党人的工作。正在奥巴马试图建立新的桥梁时，其他的民主党人还在要求他重新启动其竞选的紧迫感言论，接受一个更进步的政治。正在他谈到首要的目标时，大家都说他将作为这个国家的第一位民主党人而失败。据记者马特·白称，奥巴马的包容性和超然性的"品牌管理"与"其党的文化相悖"。马特·白说，他通常避免州民主党举行的杰斐逊－杰克逊正餐，他更喜欢"场所，宁愿到户外或大型剧院，在那里他能接触一些不是聚会常客的选民"。

奥巴马的语气变化不可避免吗？是自然成熟过程的结果，还是华盛顿决定论的结果呢？也许如此。当他与共和党人在前所未有的面对面接触时所发生的事情。2010年1月30日出席共和党在巴尔的摩举行的众议院问题会议时，总统花了大约90分钟的全国电视转播时间，从事《华盛顿邮报》所描述的"第一年执政的强健防御"，他的讲话包含"紧张的戏剧性场面和两党团结"。你来我往很尖锐，奥巴马坚决地证明了自己有理，然后受到8位众议院议员关于国内外问题的严厉质问。

在相互交流中，奥巴马总统一度宣称"我不是一个理论家"，结果受到一片哄堂大笑。然而，随着提问的深入，这句话越来越显得正确，他的激励语气稳步下降，乐观态度和共性也随着一起下降。从某种意义上说，那时是华盛顿最好的日子，虽然两党的交流能激起令人不快的情绪，但偶尔也产生人与人之间的坦率和更大的思想适应性。尽管这是一种断断续续的进步，这可能是在政治紧张时刻民主能产生的最佳效果。

我们得出的结论是，作为竞选活动家的奥巴马和作为总统的奥巴马不是同一个人，但他们具有家庭的相似之处。从讲话方面看，他的团队所关心的事情，一位社区组织者的出身背景，仍然是一个优势，即使他的共性分数在他执政的头两年略有下降。他的乐观态度分数的增加支撑这些下降，但稍许的轻快是许多政治家讲的一种语言，不是奥巴马的独特。罗伯特·特里尔说，奥巴马很特别，因为他有能力表明"我们没有共同的经历，但我们可以共享共同的利益",如果"我们要实现更完美的团结,我们就必须能够打破自我"。奥巴马的传记——一个黑白混血儿,常春藤高级学府和中产阶级,高级知识分子和街道领导——使他体现了他的言辞体现的内容,一种把复杂性变成共性的能力。实现这种转换需要很大的努力,巴拉克·奥巴马在竞选总统时出色地实现了转换。

他成为总统后,事情看起来不同了。罗恩·萨斯金德认为,奥巴马就任后,没有"感觉到像他自己","能把人们团结在一起,规划共同点并在此基础上建设未来的那个人"。"一个感觉不太像自己的总统",萨斯金德继续说,"往往预示着一种领导危机",所以,总统的助手们热火朝天地帮助他克服陡峭的学习曲线。奥巴马的缺乏经验——吸引人的无暇品质使他在竞选演说坛上受到那么多人的喜爱——突然将他描绘成了一个船长"在甲板下练习驾驶航船"。奥巴马的新工作要求新的奥巴马,至少在某种程度上是这样。

结论

巴拉克·奥巴马总统的任期仍处于摸索阶段。他的修辞也在逐渐出现。正如我们本章所看到的,曾在其竞选总统时发挥很好的那些修辞招数两年以后效果有点下滑。增加的乐观态度不错,但现实性和共性的下滑令人担忧。综合起来,奥巴马要想得到2008年欢迎他当总统的那种热情的普通选民变得更难了。一位坚定的支持者,拉比·迈克尔·勒纳说,"可悲的事实是,他已经使老百姓——成为失业者,成为再也支付不起增加的抵押贷款利率的人"。另一位支持者,科林·鲍威尔同样认为:"他已经失去了一些在竞选中具备的联系能力。而且不仅仅是我挑选的总统。投票也表明了这一点。"甚至奥巴马先生也承认放弃其独特的修辞招数使他付出了政治资本:"如果有一件事我今年很抱歉的话,那就是我们都太忙于把事情做完。我认为,处理我们面临的直接危机导致了我们失去了某些意识,那就是直接向美国人民讲述他们的核心价值观是什么"。

但如果奥巴马在共性和现实性的不足使他失去支持,他越来越激励的演讲反而加剧了这个问题。例如专栏作家迈克尔·格尔森评论奥巴马的言论时，对他毫不客气："自怜：'他们谈论我像条狗'。固执己见：'我经常这样，花点时间和我们的士兵和退伍军人在一起'。暴躁：'如果我说鱼生活在海里，他们会说不'。平淡无奇：'他们的口号是'不，我们不能。'不、不、不、不'。不幽默。消极。【然而】他的挑战不是言辞，也不是中期选举：而是发现新议程和新角色。"

尽管有这样的不逊之言，大笔的钱已经损失在对巴拉克·奥巴马的低估上了。人们绝不能忘记他两年前的惊人成就，那些成就主要是以非正统的方式做事情的结果。尽管奥巴马本人缺乏政治经验，但他非常聪明，从别人的经历中学习。所以一位评论员说，2008年奥巴马重演了富兰克林·罗斯福的大萧条时期的竞选活动。此外，他在某种程度上克服了民主党初选的分歧，筹集了一笔巨大的大选专项资金。不仅如此，迪通多说，奥巴马使美国选民基本的社会构成发生了重大变化。

他的修辞本身没有产生这些效益，但它是整个故事的一部分。例如一些学者认为，奥巴马在2008年重新盗用了罗纳德·里根的"美国梦"，甚至借用了乔治·W·布什家族的老话。同时，约翰·麦凯恩的世俗主义可能为奥巴马创造了机会——民主党人——在宗教选民中）。虽然一些人认为奥巴马的主流诉求掩盖了国家的种族和民族割据，但毫无疑问，他在竞选美国最高职位时给现场带来了全新的东西。

对奥巴马来说，回到那些老套叠句是明智的，这样他不会成为总统们在走投无路时使用的自负口才的牺牲品，右翼民粹主义者用来反对其总统任期就是用的这种方法。求助于更早期、更清醒的老套叠句会确定一个更好的方向。2008年奥巴马的修辞带有一点"涩味"，告诉人们他们不想听到的却能给他们一个至关重要的共同事业感。奥巴马安慰和激励人民的能力是惊人的，而且他自己内心再次听到这种声音，他肯定能重复出来。

像"用语"这样的程序只能讲述政治故事的一部分。它只是勾勒出语言那部分的事实。综上所述，我们的数据表明，巴拉克·奥巴马的竞选运动是最近历史上最低调的之一。他的冷静和专业使他走向胜利，尽管他在国家这个大舞台上是新手。但过去并非总是序言，随着2012年大选的临近，奥巴马踌躇满志要重新燃起已经对华盛顿的修辞不抱幻想的选民的激情。最重要的是，奥巴马需要一个更简单的激情四射的语篇，它曾把他送上总统的宝座。他能再次找到它吗？全国人民在翘首以待，侧耳聆听。

第九章
野心与离题的语气

有时候,莎拉·佩林不是一个普通的人而是一位奇才。如许多美国人一样,她有几个孩子,如有些人一样,她管理着一个州。她去冰上钓鱼和狩猎麋鹿,如年轻女人一样打篮球比赛——所有人做的事情。如另一些人一样,她竞选美国副总统。旅行期间她穿着漂亮。同样,都是人们所做的事情。但是还有一些奇怪的事情:虽然在2012年总统竞选中,它的"总统当选性"落后于米特·罗姆尼、纽特·金里奇,甚至在2011年中期选举时还低于麦克·哈克比,但是这些人谁也没有像莎拉·佩林那样把会议中心挤得满满的。不仅如此,在谴责"非主流媒体"时,佩林作为福克斯新闻评论员和几本畅销书的作者还发了一笔小财。担任州长时,她支持避孕但也反对堕胎;支持在北极国家野生动物保护区进行天然气钻井,但提高了对石油公司的利润税收。她曾是选美大赛中的麻辣女王,但后来又因清除其政治对手而著名。她倡导虔诚,但又因作为阿拉斯加的州长而滥用职权,成为10万美元的道德调查的对象。有时佩林是一个严肃的政治领袖,有时是《与星共舞》电视节目上的名人之母。与前阿拉斯加州长相比那只是一个万花筒逊色不少。

由于这种复杂性,每个人对她都有一种看法,也就这不足为奇了。

她的 www.SarahPalinIsAnIdiot.com 和 www.AmericaNeedsSarahPalin.blogspot.com 两家网站相互弥补——都发表一些撩人的评论。有些人讨厌佩林的乡村方言而另一些人敬重其西部的直率。一些人觉得约翰·麦凯恩让她如此接近权力的缰绳是大逆不道，一些人巴不得他马上成为第一位女性首席执行官。一些人认为她迂腐至极，一副没受过教育的寒酸样，而另一些人却发现即使在她随便的评论中也蕴藏着深刻的真理。男人注视着她，女人想成为她。有人讨厌她——真的讨厌她——可又说不出为什么。有人崇拜她——真的崇拜她——可又不能用语言把他们的想法表达出来。每一天，莎拉·佩林让人沉默。

然而一件事是真实的：朋友和敌人都用显示佩林讲话模式的方法来证明自己的观点，重点是讲话模式的平淡无奇的素质：

• 我的妻子说它最好：佩林听起来像我一样，像随处可见的普通女性。只是因为佩林说话像一个普通的美国人（在公立中小学和大学接受的教育），人们想称她为乡下人。

• 精英公开嘲笑别人的语法。你认为所谓的"语法纳粹"为什么在这么庞大的互联网上的论坛和评论栏里那么不受欢迎呢？

• 不是因为这些话不对，而是因为这些话不连贯。

• 对于大多数美国人来说，佩林夫人听起来真实和诚实。奥巴马听起来嗯……嗯……嗯……如他在撒谎或在隐藏着什么。嗯……嗯……或尽量不走嘴，不说错话。

博客在为佩林夫人辩护时，也在为自己辩护，当然，还在为赞扬朴素讲话的文化遗产辩护。这里使人感到有派类，甚至有巴比特式人物和反智主义。尽管如此，佩林的言论被视为一个应该如何做事的实例。另一方面，她的批评者认为，佩林的讲话最真实地表明她不适合从政——甚至其他更多的方面：

• 人们认真对待康多莉扎·赖斯。人们不尊重佩林也许不是因为她无法形成一个连贯的句子。

• 我认为她是一个赝品。只要她一说话,我想起了那些根本不准备面试的人,因为她错误地认为她非常聪明完全可以胡说一通蒙混过关。

• 因为她讲话像女人。几乎所有的女性在公共领域已经学会在某种程度上采用男性说话的方式,这就是为什么他们可以得到认真对待。但是莎拉·佩林从来不去那样做。

• 莎拉需要退一步,在一些问题上接受教育(以及接受总体的教育)。我认为左派不"讨厌"她,我想他们是敬畏她的绝对愚蠢。

美国社会学在这里也体现得非常明显——一个国家仍然感觉到有必要模仿它的欧洲祖先;一个国家珍视彻底性和科学的精确性;一个国家非常相信正规教育的自己努力。可怜的莎拉·佩林陷入了文化造成的困境。

然而事情远没有结束,因为莎拉·佩林野心勃勃,特别野心勃勃。莎拉·佩林,当被问及参选副总统时没有片刻的犹豫。莎拉·佩林,出版的第一本书就赚了700万美元,这本书"在政治上精雕细琢,叙述的每个细节都是为特定选区精心打磨而成"。莎拉·佩林,拍摄了一部有关莎拉·佩林在阿拉斯加的电影,结果被形容为一个"轻量级的机会主义者"。莎拉·佩林,做起了"全美的莎拉·佩林生意"并被另一个前阿拉斯加州长称为"智能野猫"。总之,佩林野心勃勃,不过是特别没有重点的野心。

本章考察了野心造成的语言损失。我们的数据范围狭窄但含义广泛。我们的观点是,莎拉·佩林说话走题。她习惯性地开始走一条路,然后就跑到另一个方向上去了,先评论她所注意到的大事——然后是日常琐事。北极熊、俄罗斯、奥巴马医改、家庭价值观、白水漂流、第一个老兄、常识的宪法、祷告勇士、管道工乔、耍无赖、死刑、瓦西拉圣经教堂。这些很明显都是佩林的讲话内容,而且源源不断,局部的观点在寻找更大的研究主题。但是主题很少出现,这就使她说的话而不是该文成为其修辞的动力。"同时有这些想法的人",佩林似乎在说,都"是值得你注意"的。剧作家威尔逊·米兹纳总结了野心的修辞后果:"奴隶只有一个主人。一个野心勃勃的人需要所有帮助他得到财富的人。"

"用语"用坚持性的变量来测量离题的幅度，一项表明言辞焦点和议程控制的指标。它的假设是，不断地重复关键词揭示讲话者喜欢一个有限的和有序的世界以严格地控制听众。为了计算这一得分，"用语"判明了所有名词和由名词衍生的形容词，然后进行计算：【符合条件的单词数量 × 这些单词反复出现次数的总和】÷10。由于坚持性分数对文本的长度高度敏感，所以"用语"把所有被分析的段落推断为 500 字的标准用于打分和所有其他变量。平均 500 字段落的坚持性得分为 59.3，但大多数政客得不到这么高的分数（平均 45.6 分），毫无疑问是因为他们不断地寻求"回旋余地"。莎拉·佩林更值得去探究，她的平均分只有 28.2。莎拉·佩林没有坚持；她跑题了。

为什么？是什么使她与其他政客如此不同？她为什么不坚持主题，把自己的事做完呢？她是完全缺乏奉行公共政策的深度，还是不去选择让其听众"着急"，而是随她一起慢慢理解这些问题？这是她的一个政治策略，还是她缺乏集中思想的智力？如果有一天她在全国总统竞选中抓住了"要害"，她的坚持性分数会自然上升吗？或者她以聊天的方式进行早上的谈话节目，坚持性分数还会惬意地低吗？一个女人，一个变量，很多问题。

我们推测这是莎拉·佩林的野心，其幼稚的和千变万化的野心，这让她那么浮躁。野心，社会科学家的定义是对机会结构的战略回应，表明了佩林的特性。研究表明，政治野心吸引在政治上非常功利和期盼高就的那些人；当人们面对自己生活方式的突然改变时和他们被主动招募去效力时也会增强。监视别人感觉的人也可能野心勃勃，天生对公共政策感兴趣（与偶尔相对）的人亦如此（加迪）。在所有政客野心勃勃时，莎拉·佩林也在这些方面受到了驱动。她在说话时就证明了一切。

佩林的迂回

通常，严肃的人做严肃的事情——律师、科学家、企业高管、记者——在这个变量上得分高。创意领域那些人——剧作家、表演者、博客、电视艺人——坚持性很差。图表"焦点"端的信息更具有专业技术性，更可能是书写工作而不是口头工作，更为正式。而坚持性得分低的文本是事务性的而不是单一的、是自发的而不是计划的、它们与人类自然讲话相似而不是精心撰写的散文。

坚持性得分的中档类别包括已经流行的严肃问题，这些问题显然包括一切涉及政治的事情。我们的数据表明，政客在技术和时尚之跳舞，因为尽管他们必须处理如核武器谈判和每日航空安全的复杂问题，他们还必须找到一个"讲话方式"使不同的选民能理解这些问题。这样，不可避免地的情况是，直观上吸引政客的修辞特性——比喻、举例、类比、离题——正是降低坚持性分数的因素（即使政客使这些因素令选民感兴趣）。

另一方面，财务报告几乎没有什么生动而言。它们坚守盈亏底线，更深地探讨一个主题直至把这件事都全部掏空（有时把读者搞得精疲力竭）。我们在下段中能看到展示的这些特征，坚持性得分是 65.5，其重复的次数非常多目的是把可利用的书写指标都用完：

销售量和盈利创下纪录。每股收益增长 19%，股本回报率达到了 20.8%。我们 9 个企业中的 7 个利润高于去年，有 6 个增幅达到两位数。总的来说，我们继续朝着实现我们领导企业的全面长期潜力的目标迈进。企业的营业利润增长了 28%，2002 年至 2005 年期间，我们的每股收益以年均约 17% 的速度增长。我们还继续加速我们公司结构的变化。2005 财年，商业和国际销售额比去年增加了 30%，而且现在占总销售额的 72%。相比较，2004 年为 65%，而 10 年前只有 39%。（罗克韦尔，1995 年；增加了强调）

相反，考虑使用更生动的语言。下段极为丰富多彩，每个句子里都有一个新的主题——一个活蹦乱跳狗、一部最近的电影、某人的眼镜、一个私人教练。这里讨论东西没有重要的，但所有的东西都可以消化。读完这段后，你会因浪费了时间而感到尴尬。然而，《人民》杂志每月都发行多达 350 万份这样幼稚乏味的读物。这种轶事小册子的坚持性得分只有 7.5，这不足为奇。看不到一句重复，而且非常好看：

詹妮弗·安妮斯顿的日子应该过得很好，但此刻——在曼哈顿的一个闷热的早晨没有按时赴约参加电影的拍摄——她在哈德逊街堵车了。她的私人教练也没有按时出现在安妮斯顿西村转租房两居室里的排练现场。这几乎没有给她留下工作的准备时间。这导致她把眼镜踩坏。这使得很难检查她那个黏糊糊的 7 个月大的澳大利亚牧羊犬混种小狗恩佐,她把它扔在地毯上。当运送她和恩佐到拍摄电影的下东区位置的货车经过六个灵柩棺材时,安妮斯顿皱眉:"上帝,我希望那不是某种预兆。"

鉴于莎拉·佩林的独特传记——选美皇后、成为母亲、成为州长、成为副总统候选人、成为媒体名人——她是一个令"用语"诱惑的案例研究。坚持性的变量对一个说话者如何平衡内在性与外在性、坚定与探索进行衡量,这些不同的影响力对佩林的故事情节很重要:她为什么跑题?为什么跑题并没有使她的支持者恼怒?她不会在公共场合讨论什么事情?哪些询问对她太无礼?为什么她会回应呢?因为佩林对很多事情非常开放,她总是请别人来监视。相比之下,在 2008 年竞选共和党总统候选人提名时,前马萨诸塞州州长米特·罗姆尼谈到税收和医疗保健问题,几乎没有谈其他事情。结果人们认为他是一招鲜,而佩林被媒体视为一个不断膨胀的宇宙。

关于媒体,佩林证实了有些很确定的标准并不真实。例如,研究人员表明对女性候选人的新闻报道比男性少,但对于莎拉·佩林来说,这显然是不真实的。此外,研究还表明,记者们更多地关注女性的选举可行性而不是男性的,但是当 2011 年选举再次来临时,媒体却大谈"佩林世界主宰"。在 2008 年竞选期间,佩林比其竞选伙伴约翰·麦凯恩获得更多新闻报道和比其副总统的对手乔·拜登得到更多的"负面报道"和"正面报道"。毫不奇怪,佩林吸引了新闻媒体的大量"新颖"的报道,堪与巴拉克·奥巴马媲美。佩林也得到了比以前那些女性候选人更多的"母性"评论,这也解释了为什么她在当地报纸的报道比国家报纸的报道更有正能量。

对于新闻媒体来说,莎拉·佩林是一个财源滚滚的人,这是她吸引的结果。我们分析了她在公共场合的 31 次讲话后得出的上述结论,这些话是她在 2007 年 10 月 15 日和 2010 年 6 月 27 日(一次在加州大学斯坦尼斯洛斯分校发表了有争议的讲话，讲演的费用引起了轰动）之间说的。这个样本（相当于173个语言段落）包含2008年竞选期间的媒体采访、选举前后的演讲、茶党集会上的报告、对保守的利益集团的讲话以及其他许多露面的场合，包括她辞去州长、在香港的外交政策演讲、在华盛顿讲烧烤晚宴上的讲话以及她在杰·雷诺的电视节目上做的独白。

有趣的是，在坚持性分数上，她与主流媒体聊天和与保守的有线电视频道的聊天几乎相同，而且她的党派演讲与她在更一般聚会上的演讲也一样。她只在3个主要场合超越了坚持性的政治平均值——在2010年，支持得克萨斯州州长里克·佩里的演讲；同年支持约翰·麦凯恩的演讲；2010年4月接收皮奥里亚市钥匙时。在所有其他场合，她都偏离了政治格局中的主题。

从历史的视角看待这一问题。佩林在坚持性得分上是迄今为止我们研究的那些政客中平均得分最低的人之一。许多候选人紧密地集中在既没有（1）时代（2）党派（3）主题（4）也没有明显区分他们之间差异的讲话背景。没有站在这群人当中的是艾森豪威尔，约翰·安德森和莎拉·佩林，在坚持性得分上唯一平均不到30分的候选人。为什么是这3个人呢？或许是因为他们被引见到美国选民面前（和大型竞选活动的规范中）太突然，这种情况还包括罗斯·佩罗。这4人在政治上没有和大多数人结盟；这4个人几乎没有竞选的经验；这4个人在大多数问题上态度不明朗；这4个人都以自己的方式野心勃勃。他们缺少一个精心策划的政治纲领，缺少一套持久的原则，坚持性分数很可能是低的。

坚持性得分什么时候上升？采取坚定的意识形态立场可以达到同样的效果，这或许解释了哈里·杜鲁门在1948年竞选连任时高分数的原因，尽管巴里·戈德华特表明的是一个反例，在1964年他的得分在平均值左右徘徊。候选人的经验不足也会导致他们通过缩小自己讲演重点的范围来补偿这一缺陷（例如凯里、麦凯恩、杜卡基斯和乔治·W·布什），尽管奥巴马、麦戈文、老布什并没有这样做。我们的研究表明了其他的可能性。

候选人的坚持性分数在下列人中会增加：

（1）与党存在长期关系的那些人（2）准备参加大选（双方较量越厉害，涉及的焦点越多）而不是初选的那些人，具有讽刺意味的是（3）竞选运动失败的那些人（在2008年，巴拉克·奥巴马和约翰·麦凯恩的坚持性分数都比他们的初选对手低很多，也许因为他们试图建立广泛的联盟）。

演讲的主题可能也很重要。对于乔治·W·布什来说，至少技术主题——如经济和环境——比以价值为导向的主题有更大的坚持性（爱国主义、宗教等）。同样的道理，布什先生在正式的情况报告会时增加了其坚持性得分而在对党员演讲时得分降低了。他面对媒体时所接受的议程还比对友好观众讲话时要窄。尽管大多数的平均值为60.0，标准差为50.0（对于约3万文本来说），坚持性是一个不同的变量，具有显示性格、处境、类别、主题、形态的复杂功能。除了我们刚才谈到的莎拉·佩林，是什么使她如此与众不同呢？我们在本章的其余部分里谈及这个问题。

佩林的并列

从技术上讲，莎拉·佩林采用并列的一种说话方式，《牛津文学术语字典》的定义是，"不使用连接词的并列从句或句子，这种结构有使人感到突然的效果，因为一个语句和文本之间的关系没有表述清楚。"这在"口头文学和情节紧凑动人的散文中常见，尤其是用于年轻听众或读者"（《简明牛津英语指南》）。海明威是并列的后裔；他使读者有一种向前翻筋斗的感觉，总是不确定但总是好奇："太阳即将翻越群山。一条鲈鱼跳了一下，水里形成个圆圈。尼克的手在水里划了一下，感觉到了冷飕飕的清晨中的温暖"。尤利乌斯·凯撒也使用并列——"我来了。我看到了。我征服了。"——就像荷马、贝克特、雷蒙德·卡佛和马可福音。因为其连接的功能太弱，一个并列的消息创建了理查德·拉纳姆称为的一种"语义民主"。

拿莎拉·佩林在加州州立大学斯坦尼斯洛斯分校给全体学生做的一个演讲为例。如下所示，她的分句都用一位作家所说的"无明确意义的连词和"来连接的，这使得她的观众有一种"正在体验"的感觉，一种"堆积和迅速"：

而且,你们知道,我期待相当多的抗议活动,抗议者。我认为,你们知道,我有一点安·库尔特主义,而且我认为,嘿,那会很酷。我爱安·库尔特和她在大学校园里行走时的更多能量和她谈到了美国和美国的价值观和原则,以及做一个美国人意味着什么和我希望有那么一点。但这只不过是绝对热爱加州这里和我非常欣赏你们的款待和我再一次欣赏你们的勇气。

人们能原谅佩林女士运用连写的方式。她在校园里演讲很兴奋,经过几个星期的争议后,争议最终传开了。同时,她的观众也热情高涨和充满期待。并列表明一个说话人的"紧迫性……去表达"自己并与听众"即时感同身受"。尽管佩林的演讲有争议,但连写的用法从未停止过。即使涉及她说话的实质内容,她暗示一切都同等重要:

而且我们必须庆祝我们不屈不挠的、阳光的乐观态度。记住:这就是里根出名的原因。这必须来自加州,这种阳光的乐观态度。而且这种开拓精神建立了这个国家。它激励我们漂洋过海并在荒野中开创生活并用我们额头的汗水在美国创建、贡献、营造更美好的生活。我们必须接受我们的创业动力去构建和生产和创新并使美国保持代表优秀的世界旗手地位。我们必须确定我们心甘情愿的支持全世界渴望自由的人们。他们指望我们;我们是意味自由的希望灯塔。而且这的确是没有任何可道歉的。

如同我们这里所见,并列突出的是一种"列表心态",拒绝的是银行家和政府官员所喜爱的以"从属关系"为主的语气。一位语言学家把并列与"情感"和"女性语言"联系起来,而另一位认为,并列被"黑人高度赞扬",但"令白人非常生气,他们希望你直言快语点中要害"。那么为什么莎拉·佩林用这样的语气?为什么她的观众反应不错?通过跟踪她的斯坦尼斯洛斯演讲暗示了答案。它显示了佩林此消彼长的变化,偶尔得到了中心但从来没有保持它。由于莎拉·佩林的缘故,倒霉事真的是一件接着一件。

退一步,你会很容易地感到演讲的整体意义——一个自由主义的弧线,含有资本主义和教育自由,对理想和为理想积极辩护的表达,以及个人主动性和集体的决心。如同斯密瑟曼在谈到非裔美国人在布教，"像大自然川流不息的河流小溪，最终流向发源地。"虽然有些人可能会怀疑佩林的演讲费是 7.5 万美元，但她思想的情感流露表达得非常清晰。

尽管如此，许多人被佩林的盲目性震惊。如乔·麦金尼斯发现佩林缺乏教育、傲慢和懒惰——还好操纵人——对她明显的盲目性也不感到惊奇。因此，麦金尼斯对佩林引用《名利场》杂志中的话修改其州长的辞职演讲一事感到格外高兴，可以想象到，一篇演讲如同阿拉斯加的雪花漫天飘舞。为了得到修改的实证估计，演讲的原始和修改稿用"用语"进行了分析。《名利场》杂志编辑做了编辑，删除了离题和大话内容，增加了主动语态的使用，很明显，增加了她坚持性的 4 倍得分。最后成为一篇清晰和有条理的演讲。无端的旁白和个人回忆没有了，冗余和陈词滥调没有了，特别是演讲的悦耳的懒惰没有了，《名利场》杂志把佩林从佩林中解救了出来。

这使事情得到改善了吗？佩林应该更经常地使用撰稿人吗？如果她更愿意使用从属关系，会是一个更好的领导人吗？如果她做了这样的改动，崇拜她的公众还会接受她吗？或者猜想她一下子"进了特区"，他们会感到受骗了吗？毕竟，语气不仅是一种信息特征也是信息本身。佩林的并列告诉她的观众，她相信他们，她几乎没有什么可隐藏的，她愿意接受他们的想法。许多美国人已经很好地回应了这些邀请。我们需要问为什么。

佩林的多态性

按照我们的思维方式，莎拉·佩林的语气源于她是怎样把个人野心与美国文化本身强大的方面相结合的。毕竟，佩林是一个女人，担任以男性为主导的职业，一个西方人面对一个东部大国，一个信仰宗教的人，生活在日益世俗社会里，一位共和党人，处在党受到挑战的时代，而且对于高于她的那些事情来说，她总是一个局外人。她弥合这些分歧并保持整体的努力是英勇无畏的。再加上她自己心理的复杂性：她做礼拜，却承认自己吸烟；她宣扬家庭价值观，却成为非婚生子女祖母，一位身着社团主义服装的婚姻妻子，一位想被认真对待的脱模。当佩林每天醒来时，她便成为困惑意义的研究案例。

佩林的并列源于所有这一切。《新共和》的专栏作家和语言学家约翰·麦克沃特说,她"平凡、朴素、容易接近,"但也被"彻底的主观性"所困扰。如麦克沃特所说,"他脑子里想什么就说什么"。麦克沃特还指出,"佩林以这种方式说话的部分原因是她成长的环境是美国历史上诚实直率的时期,传统意义上的认真准备的朗诵性发言和口才表述性公开声明已经完全过时了。"《纽约时报》评论家罗伯特·德雷伯说,结果是佩林的"即兴的伦理"使她"不稳定和缺乏自律,"但也赋予了她一个"真实性的光环。"毕竟,普通民众在谈话中总是东拉西扯,很少关注语法规则。所以,佩林已经成为了也珍惜自发性的新媒体技术的献身者,这一点不足为奇。佩林说,"我只是在做微博;这就是我滔滔不绝讲话的方式。"

这些同样的本能满足着饥饿的记者团。在2008年竞选期间,赫布斯特报道,佩林的"集会产生了强烈的不可预测性的气氛,"这种气氛"使紧张和随后媒体仔细审查的程度逐渐增强。"因此,记者不断"传达一种意识,在佩林集会上'任何事情都有可能发生'",反过来,这种期望使全国的眼球都盯住了她。最早时代的演讲老师已经指示他们的学生在讲话时要表达出一种"时刻的生动感",这一课佩林已经学的非常出色。她的坚持性低分数产生了"一种表达搜索",强调"初步的想法却认为是已经存在的权威了"。像佩林这样的演讲者容易与听众分享那一刻(通常以电话响应的方式),这也使听众喜欢她。这种"健谈"语气也吸引着电视脱口秀,佩林已成为这个节目的标志性人物。自发性、互惠、自我表露、探索、信任。莎拉·佩林是其时代的人物。

她也是一个女人,而且这是她的故事吸引人的一个方面。佩林显然渴望第一第二波女权主义所承诺的一切事情,但这又令一位保守派成员感到不安……所以她徘徊。一些学者预测,如果佩林竞选2012年白宫高位,她会得到"性别意识"的共和党人的支持,但他们也指出,在2008年的共和党全国代表大会上的女性代表更喜欢麦凯恩而不是她。佩林在共和党男性中的形象也同样是复杂的。他们为她的"男性的韧劲"所吸引，而她的女性特质使她"怡人而不是威胁"。希利报道，白人工人阶级男性觉得她特别吸引人，但其他学者感到在佩林复杂的自我中只有混淆："【她】把女性的极端（漂亮、丰满和年轻）与男性的极端（男子气概、无所畏惧和自食其力）相结合。因此，她那半调情、半挑衅的语气彻底地颠覆了关于标志性女人的流行看法，'试图打破玻璃天花板'"。

与女性演讲相关的刻板印象改变起来极其缓慢，佩林的坚持性低分迎合流行的偏见。研究表明，男人比女人更关心话题控制，而且面对不确定的条件时，更有可能冒险回答一个问题。。黛博拉·坦嫩称，男人说话时也迅速地转题，而女人往往是从一个话题"漂移"到另一个话题，当男人尽力回到原来的话题时，她们开始发火。男人也更可能通过话题控制来"劫持"一个对话而且不反对使用打断方式那样做。

不过佩林的方法还有一个好处：它完全适应电子媒体，佩林使这一点成为极其明显的事实。杰米逊称，"电视引进了个人的和自我披露的风格，从私人自我中吸引出公共话语并舒适地把复杂的世界弱化为戏剧性的故事。因为它包含了这些特征，所以曾经被冷落的女性风格现在成了电子时代中的偏爱风格。当然，并列只是女性可用的一个武器，而且它有一个明显的缺点：它能看起来软弱和恭顺，一种适合不确定自己是干什么的或相信什么的女性的方法。所以留给我们的是一个真正地同时代的困境：无可辩驳的性别事实包裹在变化的社会刻板印象的谜团之中。这种复杂性使莎拉·佩林既有优点也有缺点。

一种对并列语言的流行指责令使用者从一个话题转到另一个话题，因为他们不知道他们要讲什么，在哲理上不成体统。从莎拉·佩林出现在国家政治舞台上时，对她的这种指责就一直存在。《周六夜场》节目的蒂娜·菲在这方面尤为严重。引人注意的是，她如何使用夸张的并列讽刺最近任命的副总统候选人接受哥伦比亚广播公司的凯蒂·库里克的倒霉采访：

像每一个与我说话的美国人，我们都在谈论这事。我们说，"嘿，为什么帮助房利美和房地美纾困，而不是我？"但最终这种救助所做的是帮助那些担忧医疗改革的人，而改革是帮助支撑我们经济所需要的，是帮助……嗯……这也都是为了创造就业机会。同时也巩固我们的经济，把房利美和房地美拉回到正确轨道上，所以医疗改革和减少税收和控制开支……因为巴拉克·奥巴马，你知道，必须给美国人减税和税收减免，同时，在餐馆吃到物有所值的饭菜。这将有帮助。但今天被创造出来的五分之一岗位属于创业保护。这个，你是知道的……也……菲说的话与佩林一样没有任何意义，或者说的更好听一点，它们只有一种意义：揭示一个女人不太了解当下的问题却欣然的勇气十足。然而，即使在讽刺凸现的背景下，还有另一个信息：佩林拒绝轻浮的唯理智论，因为她关心普通的美国人。她的支持者认为在难懂的话中挑选并找到某人就是喜欢他们。如同莫里斯所说，佩林的修辞有助于通过"自我陶醉的方式"构成"虚拟社区"，这是一种学术说话的方式，人们在前州长身上看到了自己。莎拉·佩林可能会问："这是联邦犯罪吗？不是所有的政客都能与选民建立起关系的？巴拉克·奥巴马是书呆子，乔治·W·布什笨拙，乔·拜登吹牛。天生的注意力分散就更糟糕吗？"

一些人认为，如果它迎合了性别刻板印象，可能会这样。据苏珊·道格拉斯称，佩林的方法"使这种观念永恒：女人什么都不知道，他们也不必知道。他们只会眨眼睛……他们只会调情升迁"。萨姆·哈里斯对佩林说话的不连贯发表更侧重于精神病学方面的看法时宣称，"最后，这里是一位演员——她是母亲、受过伤、正直和性感——能够踏过每一个美国人的额叶皮层并把3英寸的鞋跟直接印在大脑边缘上，那里不断地在高呼"上帝和国家"。

佩林特别令那些新闻报道总是具有坚持性的新闻媒体成员感到神秘，如第二章所示。但对他们来说，佩林不止神秘，更令他们烦恼。《每日电讯报》的托比·哈登说："【佩林】跟自己开了个玩笑，使共和党的反对者得益，对她形成了刻板印象，一艘智力空虚、固执己见、充满傲慢野心的空船，她自以为能够恰好地行驶到白宫。"从贵族的角度来看，哈登是对的，但莎拉·佩林也来自某个地方，她的地方感很重要。佩林来自一个小镇，珍视辛勤工作而不是精英教育。她来自西部，那里的政党体制和政治流动性薄弱。她来自阿拉斯加，罗伯特·梅森称之为一个"移民社会"，这就准许"有一个社会更新和政治分化的可靠信息"。梅森说，"正是这种分化给予了佩林自己的道德真实性，即自己单干和想在当下的本能。过去的东进往事过于连贯和系统。佩林的并列对那些惯例嗤之以鼻。

佩林的语气也向共和党寡头发送一个特殊的消息："我愿意结交新朋友和建立新的桥梁。"这个党答道，"很好,但是老朋友和旧桥梁怎么办呢？"传统主义者自然而然地怀疑现代性，但是后现代性把他们吓傻了。一个党会做什么来处理一个接受民粹主义寓言的保守派名人，一个具有民间词典的攻击犬，一个想成为她自己那样内幕人的局外人，一个有可信度但没有庄严的女人，一个有政治理解力但没有政治责任的媒体名人呢？对于传统的共和党人来说，莎拉·佩林实在是复杂的不可想象。然而，她却存在着。

如果佩林只是一个使用并列的疯狂女人，传统的共和党人会漠视她，但她不是。她有朋友，他们喝茶。他们在一起，在第112届国会组成前夕，结成了一个50人左右的众议员集团。一旦他们就任，会做些什么呢？不会做什么呢？专项拨款、税收、住房、美联储、卫生保健、移民———一切皆有可能。尽管她具有独特的修辞语言，莎拉·佩林帮助发起了一场政治运动。这场运动，反过来，进一步解释了为什么佩林那样说话。

佩林的合作伙伴

在使用从属关系的演讲者中发现的那种条理性源于两个因素：（1）他们知道他们已经在哪里（2）他们知道他们要去哪里。律师凭借判例得到信息，科学家凭借先前的研究报告，公司主管凭借财务的规则。这些历史指导他们如何说他们要说的。第3党派，甚至假的像茶党那样的第3党派，很少有这样的优势，结果常常是不切实际的。因此罗森斯通、贝尔和拉扎勒斯说，他们在其创始人过世后几乎生存不下来。但在此期间他们可以搞恶作剧。研究发现，有牢固的地方关系和个人支持基础的立法者一旦任职能给党的团结造成危害。他们通过提出两党已经忽视的问题来"影响政治语篇的内容和范围，并最终影响公共政策"。党派通常采用把持不同政见者的观点归纳到自己纲领中的方式做出回应，但住在联邦10号的麦迪逊所担心的"党派之争的地狱"威胁到了临时的政治体制。

第3党派给公民提供"机会在选举舞台范围内发泄他们的敌意、愤怒或极端信仰"，这可以成为麻烦选区的缓和手段。不好的一面是这些政党通常仰仗一个有号召力的人物，而不是依靠回顾的判断——"国家现在怎样？"——或党派取向——"绝对的真理在哪？"。然后，从修辞的角度看，第3党派不能依靠传统，而且这有好处也有弊端。在原地发明的东西使得政治语篇不可预测，所以经常有新闻价值。另一方面，它可以使你让传统选民听起来愚蠢或危险。

在检查茶党言辞时"用语"发现了什么？它发现了莎拉·佩林的放大版。15次公开声明（46段）通过程序进行了检验，大多数人恰好与佩林并列，甚至有几个人坚持性的得分更低。他们也属于反应类型的：对茶党成员使用共和党语气和民主党语气（见第三章）情况进行计算并与主要党派的候选人使用情况进行对比时，茶党成员在两个方面差异很大。他们不如共和党人使用共和党语气更不如民主党人使用民主党语气。茶党使用共和党语气的得分落后于传统的共和党人的得分这一事实对2012年和更大范围的选举来说尤其值得注意。

一些观察人士可能会觉得这些结果令人吃惊，因为茶党经常被视为共和党的一个小团队。不过，茶党成员本身不以为然，认为自己在政治上是独立的，是根据仅有的一个难以忍受的宪政入党的。科恩对此表示赞同，把茶叶党人说成后党活动家，他们对华盛顿政权的反感甚至使他们与"占领华尔街"的抗议者成为半个同志。一个特别细心的茶党成员抱怨左派和右派都在试图拉拢茶党或把它说成是一切罪恶的来源：

你们知道有些事情正在进行中，左翼和右翼的精英力量开始团结起来形成同盟，这些人有比尔·奥雷利和他最近的迷你迷，劳拉·英格拉哈姆，还有所有其他通常的犯罪嫌疑人，以及莫琳·多德等左翼豺狼，她现在把国会的茶党成员比作自杀式炸弹袭击者。

因为第3党派人士往往以名人为中心，而不是基于哲学，所以他们经常在竞争比赛中失去吸引力并失败。格雷戈里·施奈德指出，像罗恩·保罗这样的候选人"引起了一些最深的忠诚，然而在2008年总统初选中得到的支持率最低"。此外，施耐德说，意识形态的一致性是令人担心的事：

保守主义运动包含的派系比约瑟夫的梦想外衣包含的颜色还多。大部分时间派系在表达对政策的不同意，进而使当权者做出努力带来选民期待的那种变化。有些时候他们不同意有关原则的事情：应该强调什么，经济问题还是社会问题。在里根执政期间，本应该是一个保守主义运动的团结时刻，可每一个派系都对里根未能解决其关心的问题而吹毛求疵。

由于茶党在哲学上的迥然不同，所以其修辞也很难分析（如图中所示的坚持性低分）。为了得到修辞的印记，就必须求助于人们关心的各个方面的问题，使其听起来像列表。理查德·吉尔达德说，因为茶党是一个"特大的棘手的运动"，而茶党"没有心脏，也就没有诗歌。"它四处徘徊，引用了大量的没有找到解决方案的问题。它还产生了一套相应的修辞，详述了一些问题的定义。因为它总是在排除小的冲突而不是开始大踏步地前进，所以其散文变得沉闷。它通常使用高大古老的比喻，"残留的方法"，连续排除选项直到找到一个伟大的解决方案：

- 试图给茶党定义是一项艰巨的任务，应该是这样。粗糙的边缘，大部分无法下定义。
- 我可以说，它不是关于唯物主义的。它不是简单的经济学。认为民意调查就能解释茶党领导提出的那些最重要的问题，那就错了。
- 茶党不是共和党组织的扩展也不是一个保守主义运动。它更复杂。
- 谁属于茶党？除了投票，我们大多数人从未涉足政治。我们只是看到华盛顿在摧毁我们的国家而感到担心的公民。我们不隶属于任何政党。

- 【茶党】不是一个政党。这不是一个"影子政府"。"它不是一个说客。它不是一个智库。它不是任何特定的州、国家或者地方组织。这意味着有些事情这个运动是不能做的。

莎拉·佩林很少这样迂腐。她的语言天赋包括巧妙地漫谈的能力。当她提出了一个问题列表后，她可以默契的跑题或聪明的抨击其对手。在其贪得无厌的野心指引下，佩林在自己的位置上很舒适，因此愿意与其听众直接的和个人的接触。她与他们一起徘徊，不仅阐明其观点，还要使他们把她看作一个有血有肉的人。结果，她的自发性已成为了其修辞的签名。在她做的为数不多的真正地坚持性的演讲中，有一篇是她刚刚辞去州长后在香港做的，表面上是为了提升她的国际性信誉，演讲写的很长，投入了很多人。演讲有几个标题，但没有她在 2010 年 11 月 8 日做的即席评论（低坚持性）那么多，当时她抨击美联储主席本·贝南克购买国债。她的那次讲话给通常客观而几近冷漠的事宜涂上了政治色彩，因此引发了争议。她或许是个跑题的人，但莎拉·佩林的跑题通常富有成效。

结论

莎拉·佩林主要以家喻户晓而著称。她曾是一个人口不多州的平凡州长，后来竞选副总统，没有给人们留下深的印象。可以肯定，她已经显示了吸引国家的媒体和使演讲厅爆满的非凡能力。她的主要成就是投身于支持一些茶党成员使他们在 2010 非大选年的选举中登上了高位，包括兰德·保罗、帕特·图米、凯利·艾约特、马尔科·卢比奥和尼基·哈利。但她支持的许多人——克里斯汀·欧德内尔、约翰·拉伊斯、蒂姆·伯恩斯、沙龙·盎格鲁以及阿拉斯加的乔·米勒，最令人尴尬——在竞选中失利。佩林自己是否还具有政治前途还有待观察。

如果有一天她又想进入国家机关，她将不得不解决并列的问题。为什么主流政治家在坚持性上的得分比她高 20 或更多有几个原因：（1）他们有一些纲领性的东西要说（2）他们习惯于在聚光灯下（3）他们知道他们将受到媒体和博客的严格检查。莎拉·佩林在学习这些经验教训，但她的过失绝大部分已经在她漫游于未知的领域时发生了:"我们相信美国最好的地方是在我们开始访问的这些小城镇中,在我所说的真正的美国的这些美妙的小口袋地区里,在这里与大家一起努力工作,非常爱国,嗯,非常,嗯,这个伟大的国家的前沿美国地区"。

不管莎拉·佩林的未来会怎样,她有课去教。她"东一榔头,西一棒子"的方法已经得到了关注,大部分是积极的,尽管她仍然是一个两极分化的政治人物。她已经成为国家的一种象征,不过是一个辩证的人——一个具有后女权主义者倾向的逆行女人;一个城市万事通的边塞女人;一块吸引传统媒体,也能利用新媒体为个人谋利的磁铁;一个典型的共和党人,但只有在她想是的时候。鉴于集诸多特征于一身,莎拉·佩林现在是一个在美国任何鸡尾酒会上要讨论的合适话题。

但是,并列毕竟不是一个政治上成功的公式,单凭极端的野心也无法维持一个事业。即兴讲话(佩林经常用自己的手掌作为演讲稿)并把离题的内容变成了主题最终会导致麻烦。尤其当你不顺时更是如此。据《新共和》的米歇尔·科特尔称,佩林、米歇尔·巴赫曼和琳妮·切尼在讲话时"咆哮、胡说、骂人、指手画脚以及兜售最无耻的曲解以服务于自己的事业的能力脱颖而出,"而学者詹尼斯·爱德华兹则指出,佩林的成功"在很大程度上取决于平衡女性和男性倾向的极端化。"夸张与意外发现珍奇事物的本领相结合是没有可持续性的。

尽管如此,莎拉·佩林已经给全国的讨论增加了一种独特的声音并成为从死板单调的选举参与方式中得到的一种受欢迎的宽慰剂。无论对与错,她都给予感到没有听见的人一个说话的权利,这在一个大的、多样化的国家里是一个纯粹的好。莎拉·佩林年轻、活跃,像巴拉克·奥巴马,但她不是。她传统、有魅力,像罗纳德·里根,但她不是。两个男人都以不同的方式采用主从结构,两个男人都以不同的方式成为强有力的领袖。如果莎拉·佩林以他们为榜样,就必须把自己的机会主义与良好的判断力融合在一起。在语言上,她也必须严格起来……但是,不要过分。

第四部分
语言之外

第十章
政治语气的可能性

如果通过一种法律禁止美国人民讨论政治性语气的话,那么他们会变成哑巴。他们每一天,特别是每4年的时间,都证明了这一点。就拿2011年6月13日在新罕布什尔州哥夫斯镇举行的共和党辩论为例。那天晚上聚集了7位坚定分子,兜售他们的生活故事和哲学的本能。大多数情况下,他们听起来没什么区别:巴拉克·奥巴马是个失败者,相比之下,他们个性坚强。米特·罗姆尼、纽特·金里奇、赫尔曼·凯恩、蒂姆·波伦蒂、米歇尔·巴赫曼、里克·桑托勒姆和罗恩·保罗到场进行了辩论,他们彼此聊了两个小时,然后前往记者见面区。

关于选举前17个月安排的一场辩论能说什么呢?当时,党的最终候选人是未知的,真正的钱没有筹集,竞选的问题仍然在酝酿之中,许多的事件和披露的事情——彻底改变选举形势的那些事情——尚未浮出水面。然而,新罕布什尔州举行了辩论并引起了反应。潜在的选民对题目反应,对内容反应,特别是对政治性语气反应。虽然刚刚开始对事情进行整理,用莫里斯·梅洛庞蒂话说,他们就遭到了"意义上的谴责":

- 罗姆尼:"迎合、虚有其表,几乎与真的杜卡基斯在坦克里一样"
- 米歇尔·巴赫曼:"一个更亮、更好的口语版的佩林"

- 赫尔曼·凯恩:"需要更精确的答案"
- 罗恩·保罗:"要不是有那么点愚笨,就非常精彩了"
- 蒂姆·波伦蒂:"太多的泛泛而论……使他显得软弱和浅薄"。

这些人究竟是什么意思?很难说。什么给了他们信心?更难说。但是他们在很多方面与所有人一样是聪明的:他们听他们听到的,他们把听到的与他们以前听到的进行比较,然后打电话。他们一点都不懂文学或语义理论,会认为被称为到处行走的现象学家是愚蠢的。这就是他们——勤劳的词法和句法数据处理器,这些人感觉他们感觉到的,即使他们不能说如何或为什么。在观看新罕布什尔州的辩论时,他们凭借自己的全部存在——记忆,期望,想象力,持久偏见——形成自己的印象。这些美国人,他们是圣人而且他们有了政治语气。

作者知道语气是有差异的、更有学问的、更少直觉的。我们已经在本书中确定了8种语言效果——平衡的语气、紧迫的语气、弹性的语气等等——并把它们与8个持久的挑战联系了起来——党派之争、制度化、野心等等。我们相信,我们确定的语气是可验证的,虽然我们的解释一定能受到质疑。但是,与新罕布什尔州的公民不同,我们知道如何去知道我们所知道的,这给了我们有把握的信心。

诚然,我们的方法并不完美。识别选词是政治性语气的核心,我们没有解释使政治成为政治的一切原因。例如,我们没有探讨句法、图像、语音、方言、形态以及参与编码和解码的其他因素。但是,我们通过广泛引用分析过的文本努力使我们的数据富有生命力,从而将仔细观察与佛朗哥·莫雷蒂所说的"距离阅读"结合起来。在斯坦福大学的文学实验室里,莫雷蒂正在进行计算机辅助的文本分析,除了其他发现,还要看看风格是如何随着年龄而构建的以及小说家如何把"情节"写进其小说的结构中的。莫蕾蒂说,文学"应该被理解为一个集体系统",一个国家的文学,在我们后退一步看看其构件与另一种文学的构件如何关联之前,是理解不了的。这里我们采取了类似的方法,但也提出了一个更有力的主张:后退一步是普通选民在看完文本和用他们之前看到和听到的去理解每一个新的促进因素之后做的事情。

像我们这样的研究技术越来越多地被付诸实践。例如，加拿大 Lymbix 公司推出了一种"语气检查"的插件，在电子邮件发出前对其进行检查，阻止发送者被自己所写的内容而感到尴尬的事情发生。汤森－路透公司正在使用"情绪敏感"软件，看看媒体报道是否准确预测股票投资组合的表现。然而，一家名为"成就度量（Achievement Metrics）"的商务化人际关系网公司，正在为全美橄榄球联盟参赛队分析明星大学橄榄球运动员的讲话模式，看看他们是否具有从事职业橄榄球所需要的"概念的复杂性""权力需要"和"审议性"。

更令人印象深刻的是，《谷歌图书项目》引发了大量的人文学科的研究，检查几个世纪以来单词及其含义是如何变化的。例如，"生活方式"这个词最早出现在1915年，但直到20世纪70年代才变得常用。这些学者声称，检查这些语言的轨迹有助于我们欣赏那些证明过但没见过的东西，正是在本书中讨论的各种模式。布莱恩·克努森说，"对主观性的客观研究将改变高等教育和更大范围的世界。"当科学把整个问题用于语料库的分析时，当麻省理工学院的媒体实验室的新主任敦促学者"打破传统学术框架并考虑科学的艺术观点或从数学的角度考虑艺术时"，一种强烈的主张，而且是新的事物，肯定会发生。

一位著名的人类学家，格雷格·厄本，花了相当长的时间识别语言对事件的催化效果，"文化流经时间的关键接合点"。厄本确定了3个影响人类如何产生信息的变量：（1）传播定律，认为我们的说话模式是相互学习而来（2）惯性定律，认为我们一直说话直到"打断性"的事情发生（3）力量定律，认为事物将根据所受外力的程度而发生相应的变化。我们在本书看到了3个影响：同一政党的成员仿效他们的前辈；政治丑闻颠覆长期存在的修辞习惯；经济因素改变竞选运动的辩证法。虽然电脑在处理文本时不够灵活，但他们能够把大量的语言分类排序并成为词汇规范的版本库。

这些一个文本与另一个文本的比较范例帮助我们看到我们用其他办法无法看到的模式，一个艰巨而复杂的计划，表示了对 C. P. 斯诺的两种文化的敬意。

别的况且不说，本书从事的研究明确了一件事——领导人使用语气把事情做成，否则将很难做到。灵巧的语气可以帮助一个国家建立其身份并弥合其意识形态的分歧。语气帮助一些领导人应对势不可挡的文化转变，还帮助其他具有制度惯性的人。言辞已经让一个人把战争变成一个竞选运动的棍棒，让另一个人为其种族群体创造历史。言辞也帮助了一位领导人应对了弹劾的压力，也帮助了另一位用旋风式的模糊谈吐风格使美国束手无策。语气——用于困扰政体情况的通用补药。

语气，威力强大同时也很微妙（如经常被误解那样），这就是为什么本书探讨的许多问题一直是基本的：政客与非政客真的能够区分吗？为什么谁都不愿意在星期六早上说话呢？其他问题更短暂但很有趣：为什么莎拉·佩林产生这种双峰反应呢？茶党真是一个党派吗？虽然电脑很方便生成答案，但它们的真正价值在于它们提出的问题，其中一些是概念性的，另一些是应用性的。我们按这个次序求助于它们。

语气：一个持久的概念

语气是一个不相干的事物。从社会科学角度来看，它不应该存在。使用单词语气的人通常不知道他们究竟在说什么。他们经常摩擦拇指、食指和中指来描述一个特定的语气，明显表明他们陷入概念上的麻烦之中。语气甚至可能被认为是一个都市神话……直到重要的事情发生了：一个美国国会女议员在亚利桑那州被枪击，突然国家的每一份报纸用 72 点的字体疾呼语气事宜：

- 奥巴马正在寻求合适的时间、语气进行演讲（《华盛顿邮报》）
- 在图森枪击事件后，该是缓和用尖刻的话伤人的时候了（《今日美国》）
- 艾尔斯告诉福克斯新闻主持人"语气缓和下来"（《纽约时报》）
- 民主党领袖：让政治措辞冷静下来（《美联社在线》）

- 广告商终于不得不降低电视广告（《兰开斯特周日新闻》）
- 丑陋的言辞也蔓延至体育运动中（《列克星敦先驱导报》）

加布里埃尔·吉福兹的案例表明，语气与人相伴。同样，当纽特·金里奇指责巴拉克·奥巴马的"肯尼亚殖民心态"时，或当莎拉·佩林用命令的语气告诫她的支持者"不要撤退，重新装弹"时，或当米歇尔·巴赫曼聚集其人马反对华盛顿的"流氓政府"时，警钟就响了起来，而且不仅仅是在民主党内部。吉福兹的悲剧之后，每个人似乎都同意政治在美国已成为不可接受的粗鲁。尽管语气很难定义，但不难听，马克·里拉提出一个观点："当领导者提出一个论点或装模作样时，历史不会发生，当领导者引起了人们内心的共鸣时，历史发生了。"

语气也是一个元信息，谈论有关人际关系事宜的一种方式。因此，当政客做错事时，选民有时感情用事："为什么他在我面前说出这样的话呢？"即使像纽特·金里奇那样有经验的政客也可能犯大错，如同在2011年5月，他认为"右翼社会工程"和"左翼社会工程"一样不令人满意。一些共和党人称这些言论是叛逆的，但真正发生的事情是金里奇把语气搞错了。他的讲话中说了一些麻烦的事情（1）他的自我理解（"房间里最聪明的人"，（2）他对听众的看法（"他们全神贯注地在听我的每一个字"）（3）他认为自己政党的看法（"他们是成年人，能处理这个问题"）。

我们强调语气与文化力量的联系有多么亲密，这一点贯穿本书的始终。文化领先于讲话——大多情况我们不知道这一点——反过来，讲话巩固文化规范。例如，无论他们的政治信仰是什么，人们都知道纽特·金里奇骄傲自大，他在2011年5月的讲话时大发议论。尽管在政治方面很难找到谦虚的讲话，但它仍然是一个有抱负的品质。甚至对于那些沉迷于电视真人秀的陈词滥调的人，亦是如此。观众在这些节目里听到的是一些自命不凡的言论，如同他们在看一列火车残骸。这样节目的语气使他们兴奋，但也使他们茫然不安。最终，电视真人秀提醒观众他们不是那样的人。

我们相信语气的功能是全方位的。它适合于或以正在被说的内容为条件,所以就有了一种双重信息:"我们面临困难时期,但我们一定能获胜","我这次做错了,但在未来会做得更好。"因为它是多层,语气可以完成给人深刻印象的壮举:帮助我们忘记莫妮卡·莱温斯基;我们要加强反恐战争;建设弥合党派分歧的桥梁。语气有时体现我们的焦虑(紧迫的语气),有时提醒我们什么才是我们所有人珍视的(平衡的语气)。政客寻找某些场所引起一种特别的注意;毕业典礼适于这种情形,体育活动和航天飞机发射亦适合。语气也能作为一个助记的手段,提醒我们所珍视的价值观:在阿灵顿国家公墓要肃穆,在联合国要庄严。一句精力充沛的语气可以激励人们渡过难关,说教的语气可以解释国家的金融前景。另一方面,用错了语气常常导致发表评论:

• 确定火车站位置的论点已经呈现了现代的政治性语气——情感和谬误的逻辑,而不是分析和常识。

• 发生在我身上的最好的事情是搬进一个能在政治性语气方面进步和成长的县城里,不是名为里士满的那种政治混乱的县城。• 圣何塞市长查克·里德的两年一次的伦理审查已经呈现不幸的政治性语气。(圣何塞市长提出的道德改革,2009年12月11日)

• 欧几里得市议员……周一晚上显示了辨别不清政治性语气的证据。

我们之前对语气的预期有时得到了证实,不过同样,语气常常使我们惊奇。例如,大多数美国人看了比尔·克林顿在1998年8月17日向全国做的失败的道歉,他们知道他精通法律能说善辩,他们是对的。大多数美国人也感觉到共和党和民主党发出的声音不一样,他们也是对的。发现茶党非常混乱的那些人也是对的,发现政治家比其他人更愉快的那些人也是对的。在美国,民选官员用宗教的叠句点缀其讲话或受到压力时求助于美国传统价值观,也不足为奇。

但我们也发现了意想不到的事情:尽管茶党对跨党派表示抗议,但其成员的声音听起来与共和党人无异。我们还发现,与流行的观点相反,巴拉克·奥巴马2008年的卓著成功与其说是其乐观性所致倒不如说是其团队精神。我们的其他数据发现乔治·W·布什是一个相当拘谨的人，这一发现开辟了看待布什任期的一个全新的方式。说到意识形态，我们还发现，有线电视上的"抒发豪言壮语的人"并非传统意义上的党派成员，而是马戏团的初级演员。也许最令人惊讶的是，我们发现狂热的共和党和民主党往往选择一种混合的语气，说明在美国政治中文化力量依然强大的一种标志。

我们的某些发现已经让人放心，另一些还他令人不安。例如得知像莎拉·佩林这样相当漫无目的的人能博得整个国家的关注，有些人会感到困惑。乔治·W·布什竞选连任时用美国国旗把自己包裹起来，当选之后立即转变了他的语气，另一些人对此会生气。另一方面，布什的辩护者也会不得安宁，因为评论家歪曲总统说话的内容和说话的方式。还有一些人觉得里根的做法有问题，罗纳德·里根的星期六早上交谈已成为一个政治杂耍表演，在那里每个人相互对话，可每个人的对话——不是直接——的对话。

这本书里的其他发现更振奋人心。例如多元化主义者会高兴地得知竞选总统的独立派也有一种独特的政治性语气，讲话既不像民主党人也不像共和党人。他们还欣慰的得知，尽管美国的政客受到谴责，但他们不仅能起到激励的作用而且更务实。此外，他们很少相互指名道姓，把这事留给国家的新闻媒体来做。鉴于2008年美国人民面临的经济困难，候选人奥巴马和麦凯恩没有高谈阔论而是集中谈论了当下的事实并识别蕴藏在选民中（奥巴马认为）或在有远见的领导中（麦凯恩认为）的解决方案。人们听到这样的讲话也会受到鼓舞的。

我们一直把更多的投入放在了文化而不是性格上，这一点也贯穿本书的始终，但对语气的传记研究会很有意义。你不会对发现的事情大惊小怪的，例如吉米·卡特的装饰性得分是我们的研究中的最高纪录，这一事实指出了他的说教的、相当慈祥的语气。相比之下，巴里·戈德华特是极端好斗的，在解放术语（"不要踩我"）和排除术语（"不是在我的后院"）上得分最高。有教养的人约翰·克里更经常使用认知语言，而当过税吏的杰拉尔德·福特比其他人用的时候都少。下述情况也是理所当然的：麦凯恩在攻击性上得分最高，鲍勃·多尔在矛盾心理上得分最高，乔治·麦戈文在谴责上得分最高（毕竟他是反战的）。这些都是附带的事实，但共同点是他们说的事情有意义：美国人似乎要听出古怪的语言并惩罚那些偏离平均值太远的人。例如罗斯·佩罗在韧性和否认性上的得分比过去60年里竞选总统的任何人都高，在人类利益与合作性上比谁都低。佩罗完全知道他想说什么，对他来说被选举似乎是事后的想法。

这样的事实证明通过修辞的镜头来审视政治的价值。修辞不仅是行为实体——讲话、广告、采访——还是一种思维方式。从修辞角度上思考问题就是提出希望恰到好处的点睛之笔可以抵消麻烦。言辞不是真的廉价，但它们真的是充足的——取之不尽。相信词的解决方案就是相信一切皆有可能。这是一个太离谱的概念，但政客认为是理所当然的。

经济学家突出的是计算边际效用的理性行为者，而修辞学承认的是一个无法估量事物的世界。这就是为什么政客经常因比喻而遭到谴责："实际上不是这个，而更像那个。"政治的社会学模式是不同的，还得求助于人口统计学来解释政治的结果。修辞学也突出人但它更动态地对待他们，把他们当作能以不同的方式"招呼"的生物。例如约翰·克里在2004年不能呼唤出市中心的选票，而他的战友巴拉克·奥巴马在2008年神奇地做到了。单凭修辞学解释不了这种差异，但它是这个组合中不可缺少的部分。

其他模式的政治也存在：心理学的模式以人们根深蒂固的需求为特征，历史的模式关注的是社会变化的重大周期。修辞学在这样宏大的力量面前似乎渺小，但修辞也是一种行为，当其他选项被排除时也是一种做事的方式。语气，人们通过选词的方式用来（有时无意中）创建独特的社会印象的一种工具，能够以新鲜的方式重新表达陈旧的真理并能提供了全新的政治议程上需要考虑的问题。语气天生属于政治，因为它以人类的关系为中心。三思而后行能防止争议，这一事实所有的外交官迟早会学会的。

从修辞的观点看世界让我们反思一些年代久远的问题。例如在美国，统治者和被统治者之间非常令人惋惜的"断开"。研究过这些事情的记者认为，日益增长的经济差距已经使穷人边缘化了，而另一些人认为这是一股政治上不满的种族因素。学者还发现信息灵通人士和对政治不感兴趣的人之间的鸿沟越来越大。还有其他的说法：今天的领导人不如他们的前辈，就是一个摆设；增长的党派之争已经很难通过立法；政客就职后就投靠大型企业；政府已经变得如此庞大，普通公民已经绝望；大众媒体，曾被视为人民和领导之间的关键，也已经使前者与后者作对。

所有这些对政治不满的说法都似是而非，但是修辞的力量也在起作用。我们看到，政客们越来越关注自己的价值观和随着时间推移而积累的经验，不再让选民参与他们的讨论。这些词汇的转换一直微妙但稳定地进行着。政治也变得更加专业，强调全球变暖，信用违约互换，核武器有效载等等。结果，现在看来政治对许多人来说过于专业，于是他们选择了离开。尽管这些趋势，政客们还保持着源源不断的快乐谈话（庆祝、神奇、激励、保护）。这个奇怪的混合物可能导致了选民的玩世不恭。

政治语气是件小事，美国政治的确是一个非常大的事情。但是如果据此推论来完全拒绝修辞的事实是毫无道理的。我们的数据是基于对人类行为的观察，是多个演员在各种社交场合的表现。我们的证据是以"纯粹的话语"为基础，但这个片语也必须是被拆析的。为什么我们很多人觉得词语代表不了我们呢？为什么我们把词语当作我们独自控制的潮汐之上的漂浮物呢？把我们的词语变成问题去大方地、公开地探索它们持有的秘密不是更好吗？我们现在就努力去做。

语气：一个诱人的概念

据说，鸟儿在森林的边缘唱出的歌声最甜美，完全没有什么科学依据。

这也一直是我们的假设。学术工作在间隙地区——学科之间的空间，方法论和认识论之间的空间——以特别挑衅的方式开放了思想。使用电脑研究语言模式只有一个这样的例子。我们已经接受了这种方法不是因为它提供了明确的答案，而是因为它开辟了新的远景。语气，一个在文学研究中经常讨论却很少在社会科学讨论的概念，值得进一步研究。我们的研究使我们确定了7个领域，似乎特别诱人。

语气的演变

语言习惯来自某处——孩提时期，民族或区域的影响，教育和宗教的培养，自愿的社会群体成员。语言是达尔文论者，不断适应新的机遇，新的变迁。因此跟踪一段时期的特定口头语气能够提出新的想法供大家讨论。例如我们发现确定性逐年下降。为什么？政客们不再有其确信地实力了吗？他们是被混淆的、千变万化的世界搞得不知所措了吗？同样，马克·史密斯认为经济主义的前提现在支配着两个政党的言论（但原因各异）。为什么这样的比喻随着时间而"失效"呢？这种情形何时为好何时不好呢？

像达尔文的任何事物，一些事情来而另一些事情去。例如现在很多女人都非常气愤，像莎拉·佩林和米歇尔·巴赫曼那样的保守派利用妇女解放论的主题——自主、平等机会等——促进20世纪60年代的女权主义者诅咒的政策。为什么这些霸权的话语中有一些随着时间可以放开说了，为什么有一些还保持着优势呢？为什么曾经激进的咒语（甘地的"决一死战"或黑色美洲豹的"人民力量"）在另一个时代成为陈词滥调了呢？相反，为什么有些语言结构一下子就被接受——克林顿竞选运动的"这是经济、傻瓜"或罗纳德·里根的"美国之晨"——尽管这些话有时与事实的关系古怪呢？

语气的力量

政治领导力取决于修辞——几乎没听过的一个新颖的思想。但魔鬼在细节中。政客的定义是"分界线的测量人"，试图容纳对立团体的人。然而，如同普福报道的，中间派领导人要不失公允地先接触右派然后是左派，这一直是他们的挑战。我们怎能确定他们何时做得过分了呢？巴纳斯塞克对在联邦官僚机构工作的女权主义者的研究是一个吸引人的适例，但她给我们留下了一些悬而未决的问题：国家演员如何制定以非国家前提为基础的政策呢？官僚政治的介入，或反过来，坚持一个狭隘的政治意识形态的语言成本是什么呢？你如何在不去迎合的情况下领导，你如何在不超的情况下包括进来呢？所有的领导人迟早会面临这样的问题。

这本书已经表明了语言和领导相交的几个方面，但是还需要做更多的工作。布兰迪斯·卡内斯认为，美国领导人经常公开表明大胆的政策立场，他们不是拉皮条的人但也不是聪明人。那么领导在各种情况下实际上听起来是怎么一回事呢？领导需要修辞的灵敏性，能够在不煽动过度反应的情况下推动授权的工作。这是微妙的工作。为了确立领导地位，抽象概念（如正义、股本、谨慎）必须人性化，逻辑必须与情感交织在一起。如汉默所说，推动新选民参选不仅需要结构性改革还需要激励方面的改革。沃夫莱克说，像国家经济这样的外因力量无疑是强大的，但我们的领导人想要"处理"好经济，就必须具备语言技能。语气不是万能的但没有它万万不能。

语气的等价

领导人不是与世隔绝。他们生活在许多同胞们中间，我们也需要更多地了解他们。民意调查在这方面是有用的，在网络世界中进行民意调查内容无疑是丰富的。但调查不能查明支撑人们信仰的那些假想，也不了解不到他们的潜在价值观。幸运的是，沃尔什、林奎斯特、布莱恩和其他人出色地完成了这项工作，学者带着足够的勇气倾听——仔细地和在现场——美国人民在说什么。我们需要更多这样的研究，因为正如迈尔斯说的那样，民意真正地产生于人们相互之间的对话之中。迈尔斯说，在所有其他的时候，态度是理论概念而不是主观概念。

选民了解他们的领导人吗？领导人来自选民吗？新媒体的到来会增加划分外行/精英的信息流吗？领导人会以相同的方式回应还是把推特网和

脸谱网当作宣传的手段呢？这里的风险是真实的。听不到他人声音的领导者最终是一个不被他人所听到的领导者，一种在2011年"阿拉伯之春"运动中得到充分证明的命运。格里尔的发现在这方面是至关重要的。他指出，政府往往回应公众所关心的问题，但往往没有被视为充分地参与。如何弥补这样的看法？格里尔说，寻找新的共享方式，因为选民大多是程序主义者，他们是想要成为行动的一部分又不需要控制实际结果的人。

语气的蔓延

我们现在生活在一个中介的世界里，所有信息混合交织其中，一个驱使原创主义者疯狂的世界。像"谁说的？"这类问题现在很难回答。像"谁最先这样说的？"这类问题不可能回答。在这样一个世界，语言成为被他人容易据为己有的商品。郊区的白人说城市的放克语言；乡村音乐在布法罗流行；讲山谷语的女孩在得梅因能看到。政治也能产生这些口技艺人的影响效果。例如多姆克发现政客借用宗教叠句进行明显的教派冒险（如中东战争）。同样，福克斯新闻的天才不是体现在意识形态里，而是体现在他们推广的肆无忌惮的语言中，一种语言，早上始于福克斯和朋友节目，晚上结束于比尔·奥赖利的节目。福克斯语言利用一组态度——世界是不公正的，阴谋比比皆是，正直的人注定失败——然后打出一记政治重拳。

政治信息也利用娱乐世界：莎拉·佩林拍摄了一部关于阿拉斯加的纪录片为自己服务；弗雷德·汤普森在《雷诺秀》上宣布其竞选总统；所有称职的候选人都有一个视频网站频道。诚然，政治指的就是一种流行的艺术，但以什么为代价呢？这种随心所欲的信息推动还是降低领导呢？比如说纽约的前国会议员安东尼·维纳。是推特网，我们认为甚至超过了性，诱惑维纳成了一个玩弄女性的人。推特网使一个公众人物觉得在公共场合不宜露面。推特网的语气——"只是你和我""我不是我说的那个人""我们单独在一起。"——证明了国会议员的堕落原因。强大的东西，语气。

语气的范围

一个庞大而多样化的民主制必须不断地问自己是否说共同的语言。如同肯尼斯·伯克表示，想认同另一个人就要把那个人的身份视为自己的，至少在某种程度上，至少一段时间。语言是让这种情况发生的魔法，所以我们必须问：领导人对国家人口结构变化的反应够迅速吗？接纳年轻人了吗？接纳女人了吗？接纳非裔美国人了吗？年长的白人男性是如何接纳这些人的呢？拉美裔和亚裔情况怎样？他们是人数日益变大的选民，几乎没有或根本没有主流政治遗产。我们应该说什么、如何说呢？

同一枚硬币还有另一面——派系利益占主导地位的危险。例如在2012年大选之前，前宾夕法尼亚州参议员里克·桑托勒姆感到很难听到经济问题的讲话，因为他之前讲的是反对堕胎的言论。纳尔杜利说，党派忠诚必须不断重新获得，但是这样做可以导致一个人幽闭恐怖。希利格斯和希尔兹说，"沟通问题"可以帮助领导人避免这样的陷阱，但如何接触到新的团体并保持自我意识呢？一个人怎么才能说另一个人的语言又看不出来是盗窃来的呢？这样的问题不会在一个像美国那样的多样化日益增长的国家里消失。

语气的对手

政治报道的研究很受欢迎，但结果往往是令人不安的。学者发现，例如选民在谈到候选人时通常使用新闻语言，一种特定的危险，因为报道常常是不具体的并具有深刻地嘲讽性。同时，新闻报道扣人心弦，尤其是在选举季节。竞选报告具有赛马和拳击的特征，相比之下，协商的民主政体似乎成了惯性的。这些语言使用者或许可以解释为什么美国人通常对434名美国众议院成员不满意，唯一例外的是自己当地的代表。

班尼特、劳伦斯和利文斯顿认为，记者经常讲述政治领导人想要讲的故事，但反过来也一样：政客们被拖进了新闻媒体策略性的很少有结局的讨论中。然而，我们的研究在一般的新闻报道语言和一般的政治讲话之间找到了明显的区别，而且我们找到了那些振奋人心的结果。考虑到第一和第四等级的唯我独尊的权力,这些语言的分离推进了多元化的事业。无论新闻媒体可能有多么执着,一个民主国家往往得到最好的服务,这时一位政治家说,"我不会去那里。下一个问题。"在一个重视新闻自由的国家,始终会有下一个问题。

语气不是万能的,但它很重要。在统治方面尤其如此,其中政治立场之间的不同通常并不重要。在美国更是这样,事情往往被分成很细小的部分以便不同的构成成分负有义务。一旦辩论已经结束,法律形成文字,语气开始发挥作用:"对美国的基本价值观的令人震惊的背叛,"右派宣称,"对人民意愿的无耻背叛,"左派回应。这些都是政治妥协的声音。

但有时只能听到一种语气。在竞选演讲时,候选人可能会尖叫,候选人可能会吼叫,但选民往往只是打呵欠,他们感到单凭语气就能分出候选人来,还感到迁就主义主宰一切。选民抱怨这种单一的语气,带着他们的论证求助于刘易斯·卡罗尔:

写这封信令人极其反感,但事实不会眨眼。我们有两个毫无新意的总统候选人。特威德尔德姆和特维德尔迪?(多尔在过去被卡,1996年)

这个网站的预测是大钱收买了资助选举的民主进程,使其成为特威德尔德姆和特维德尔迪之间的竞争,切断了民主的氧气,使选民感到窒息。(埃尔顿,2000年)

避免参与不应该是一个选项。选择是明确的——支持下去,投布什和克里的票。这将在特威德尔德姆和特维德尔迪之间做决定。多么令人沮丧!(两位候选人都不值得,2004年)

许多选民对选举特维德尔迪,民主党人或特威德尔德姆,共和党人感到反感和厌倦。激情、献身的无党派人士可以从两大政党中挑选出一无是处的政客。(勃兰登堡,2008年)

兰德·保罗和保罗·瑞安已经成为大老党的特威德尔德姆和特维德尔迪。这两个家伙应该是共和党的"深奥思想家",我们时代的所谓金里奇式人物,除非考虑到纽特那样的人物。(大老党死亡了吗?2011年)

语气的来源

大多数公民，还有许多历史学家，把领导人的公开讲话作为其实际存在的指标。这种假设很自然——话语是灵魂的窗口——许多吸引人的心理传记都是部分以这一前提作为基础写的。但是甚至片刻的反射会揭示国家级的政客也使用他人的话——他们演讲撰稿人的那些话——所以从话语表现到本质的路径充其量是曲折迂回的。实际上，坎贝尔和杰米逊声称，美国总统是一个"企业实体"，表达的是专业作家和政策专家构成的辛迪加的观点。尽管首席执行官可能参与写作过程，虽然好的撰稿人会把他们的词汇和韵律调整到"首席执行官"的偏好和能力上来，但是现在大多数演讲是一个企业的产品。

演讲只是组合的一部分。一个政治行政机构现在是一个复杂的事情，它包括传统的方式——意见书、新闻发布会、宣言、声明、公告、签署声明——但也包括博客、网站、流媒体视频和推特网信息。这样一个交响乐能包含同步性吗？一个单一的世界观能在所有这些消息平台中发展吗？如果能，谁或什么来规定修辞的纪律呢？如果不能，这些选言命题告诉我们什么呢？连续性或不连续性最好指出具体的要求，赋予特定的政治家或政府吗？不管似乎能力强还是效率低，一个领导者能扮演多少角色？人和人物角色仍然可以结合到一起，或者说在一个繁忙的以媒体为中心的时代里，这已经成为不可能了吗？这样的一些问题需要使用"用语"这样的工具，这些工具能够耐心地跟踪和记住政治促进因素的模式，而这些正在让今天的公民去理解和欣赏。

结论

政治语气是一件有趣的事情。不，真的。没有政治语气，幽默是不可能的："是的，奥巴马酷。有时他太酷了，我觉得他一定是服用了阿普唑仑"。没有政治性语气，下面的语句会毫无意义："看着布什总统艰难地找理由说明我们为什么开战，感到很奇怪。当他费劲说的时候，一下子提醒了我们所有的人可怕的骗子比尔•克林顿当时就是那个样子"。

没有政治性语气，就连电视的达纳·卡维不可能模仿美国的 42 任总统的事情："我只是不像当时克林顿那样滑稽；我没有被他迷住。后来，我和克林顿一起进入了自己的节奏中，其中他脱口而出说了一些自我祝贺的题外话"。

政治语气重要不是因为它给了喜剧演员提供了工作岗位，而是因为它把政治和人文学科结合了起来。政客们可以离开他们的配偶、他们的政党、甚至他们的理想，但他们不能离开他们的语气，至少不容易。这并不是说出生时政治性语气就归你所有，死后再还回来。相反，政治性语气被各种文化和个人的力量所融合、演变和摆布。因为政治性语气也有关系，它们发出重要的信号："我是你们中的一个。""我比你更胜一筹。""我们在一起更好。"

在本书中，我们已经问了一些令人感到尴尬的基本问题——人们何时形成以政治性语气为基础的印象，他们的反应是什么？具体而言，他们都听到了什么？我们还问道：是什么使政治党派化？竞选运动改变了吗？共和党人与民主党人不同吗？为什么政治广告引人注目？什么使新闻与其他事物不同？这本书还触及了一些美国面临的最棘手的选择：一个强大但不太强大的首席执行官；一个活跃的公民但行为明智而审慎；监督作用的媒体，其职责是帮助而不是阻止治理；交织于国会和行政部门之间的政治部门；使政策选择戏剧化或使政治变成杂耍的辩论。没有政治性语气，政治世界将会变得不透明，或者我们已经在这里这样说了。

我们已经试图在这本书中在对选民的早期感情进行科学描述和周到的解释之间走了钢丝。政治性语气不是一件容易描述的事情，但是一件容易感觉的事情；连接这些体验一直是我们的工作。当注意政治性语气时，我们已经面对了国家身份、变化的文化动态、制度上和心理上的压力等问题。因为这是一个微妙的事情，政治性语气让我们怀疑，但这并不意味着它可以抛弃掉。每天，人们被政治性语气搞得心烦，渴望政治性语气的新版本，赞美它，抨击它。政治性语气是神秘的，它令人心绪不宁，因为它神秘。

政治性语气是说明信息的信息——隐含在已经说出的语言中的那个东西。我们已经努力在这本书中仔细阅读了这些信息。尽管如此,一千个问题还在召唤。